ISSN 0138-3957

SITZUNGSBERICHTE DER SÄCHSISCHEN AKADEMIE
DER WISSENSCHAFTEN ZU LEIPZIG

Philologisch-historische Klasse
Band 122 · Heft 4

ROLF LIEBERWIRTH

EIKE VON REPCHOW
UND DER SACHSENSPIEGEL

AKADEMIE-VERLAG · BERLIN
1982

Vorgetragen in der öffentlichen Sitzung vom 18. April 1980
Manuskript eingereicht am 1. Juli 1980
Druckfertig erklärt am 22. Februar 1982

Erschienen im Akademie-Verlag, DDR - 1086 Berlin, Leipziger Str. 3–4

Lizenznummer: 202 · 100/226/82
Gesamtherstellung: IV/2/14 VEB Druckerei »Gottfried Wilhelm Leibniz«,
4450 Gräfenhainichen · 5916
Bestellnummer: 753 962 8 (2026/122/4) · LSV 0415
Printed in GDR
DDR 5,00 M

INHALT

VORWORT

Eike von Repchow gehört zu den größten deutschen Rechtsdenkern. Sein Werk, der Sachsenspiegel, wird als das möglicherweise erste, mit Sicherheit aber als das berühmteste deutsche Rechtsbuch und zugleich als das erste profane Werk in mittelniederdeutscher Sprache bezeichnet. Eike ist uns aus sechs Rechtsurkunden aus dem Anfang des 13. Jh., wenn auch in unterschiedlicher Schreibweise, als sicher bezeugt, woraus in wissenschaftlicher Kleinarbeit erschlossen werden konnte, daß er um 1180 geboren sein mußte. Die Sächsische Akademie der Wissenschaften zu Leipzig sah sich deshalb veranlaßt, am 18. April 1980 des 800. Geburtsjahres dieser großen Persönlichkeit mit einem öffentlichen Vortrag über Person und Werk zu gedenken. Bei dieser Gelegenheit sollte versucht werden, den neuesten Stand der Wissenschaft über Eike von Repchow und dem Sachsenspiegel zu ermitteln und an einer Stelle zusammenzufassen.

Rolf Lieberwirth

I. Das Elbe-Saale-Gebiet und seine politische Entwicklung

Die vielgestaltige, frühzeitig schon waldfreie Landschaft zwischen Harz und Elbe, wirtschaftlich ergiebig und von alten Handelsstraßen durchzogen, zählt zu den siedlungsfreudigsten Räumen Europas.[1] Ein dichtes Gewässernetz kleinerer und größerer Wasserläufe, mit der Saale als dem zentralen Fluß, gibt dem östlichen Harzvorland eine natürliche Gliederung, an welche sich weitgehend auch die politische angelehnt hat, wie die Grenzumrisse der alten germanischen und slawischen Gaue nachdrücklich beweisen.[2]

Dieser Raum kann auf eine wechselvolle Geschichte zurückblicken. Seit Jahrtausenden haben ihn Stämme und Völkerschaften durchzogen, haben hier nacheinander oder auch nebeneinander gesiedelt und Zeugnisse ihrer Kultur hinterlassen. Zeiten friedlichen Zusammenlebens der bäuerlichen Bevölkerung und kriegerischer Auseinandersetzungen einzelner Volksgruppen um Lebensraum sowie des Stammesadels um Beute lösten sich in fast regelmäßigen Abständen ab. Bald war diese Landschaft geschlossener und zentraler Siedlungsraum großer Völkerschaften, bald ihr Grenzbezirk, und bald ging die politische und Völkergrenze mitten durch das Elbe-Saale-Gebiet, wie das in geschichtlicher Zeit über ein halbes Jahrtausend der Fall war.[3]

[1] Otto Schlüter, in: Atlas des Saale- und mittleren Elbegebietes, hrsg. von Otto Schlüter und Oskar August, 1. Teil, 2. Aufl., Leipzig 1958, Zur Einführung und Frühgeschichtliche Wohnflächen, S. 17ff.

[2] A.a.O. Karte 15 „Gaue und Burgwardhauptorte im 10. und 11. Jahrhundert", zugleich Beilage zu Wolfgang Hessler, Mitteldeutsche Gaue des frühen und hohen Mittelalters (Abhandlungen der Sächsischen Akademie der Wissenschaften zu Leipzig, phil.-hist. Klasse, Band 49, Heft 2), Berlin 1957; Übersichtskarte der auf dem Gebiete Anhalts und der angrenzenden Landesteile gelegenen Gaue, Comitate und Burgwarde sowie der Verteilung des weltlichen Besitzes bis zum Jahre 1250 als Beilage 1 zu Arthur Schroeder, Grundzüge der territorialen Entwicklung der anhaltinischen Lande von den ältesten Zeiten bis zur gründung der Landesherrschaft unter Heinrich I. (um 1250), in: Anhaltische Geschichtsblätter, 2. Heft, Dessau 1926, S. 5ff.

[3] O. Schlüter, Frühgeschichtliche Wohnflächen (S. 17ff.), und W. Schulz, Vor- und Frühgeschichte (S. 23–26), in: Atlas d. Saale- und mittleren Elbegebietes.

Um 500, zu Beginn der frühfeudalen Epoche in Europa, gehörte das östliche Harzvorland zum nördlichen Teil des großen Thüringerreiches. Als es 531 dem gemeinsamen Ansturm von Franken und Sachsen erlag, kamen die Gebiete nördlich der Unstrut unter sächsische Herrschaft.[4] Ihre Bewohner mußten sich jedoch eine gewisse kulturelle Selbständigkeit bewahrt haben, da noch jahrhundertelang für die Landschaft westlich und südwestlich von Magdeburg zwischen Ohre im Norden und Bode im Süden die Bezeichnung Nordthüringengau fortbestand, was sicherlich nicht bloß als Erinnerung an das vergangene große Reich zu werten ist, sondern in erster Linie auf die tatsächlich hier ansässigen Volksgruppen zurückgeführt werden muß. Ähnliches muß auch für die Bezeichnungen Schwabengau für das südlich an den Nordthüringengau angrenzende Gebiet zwischen Bode und Wipper; und Hosgau mit dem Friesenfeld westlich von Halle und Merseburg zwischen Wipper und Unstrut gelten. Beide Gaubezeichnungen werden entstanden sein, als fränkische Fürsten, die diesem Raum Mitte des 6. Jh. politisch beherrschten, hier Nordschwaben und Friesen ansiedelten, nachdem die bislang zwischen Bode und Unstrut beheimateten Sachsen vorübergehend mit den Langobarden nach Italien gezogen waren.[5]

Im Siedlungsgebiet zwischen Saale und Elbe traten um diese Zeit ebenfalls entscheidende Veränderungen ein. Über Mähren und Böhmen stießen sorbische Stämme und Völker in die Räume der Thüringer vor, verdrängten diese und ließen sich hier, wie später auch in der Lausitz, nieder. Andere westslawische Stämme besiedelten damals Pommern, Mecklenburg und Teile Brandenburgs. Elbe und Saale bildeten nun für Jahrhunderte eine äußerst unruhige Grenze zwischen den slawischen Stammes- und Staatsgebieten und dem fränkischen Großreich, an dessen Stelle später der frühfeudale deutsche Staat trat.[6]

Die ersten bedeutenden deutschen Könige entstammten der sächsischen Herzogsdynastie; sie stützten ihre politische Herrschaft auf die erheblichen ökonomischen Grundlagen ihres liudolfingischen Hausgutes in Form von ausgedehntem Grundbesitz sowie von Burgen und Pfalzen im Harzvorland bis hin zur Saale als der östlichen Grenze. Um die wirtschaftliche und damit auch die politische Macht zu erweitern, diente dieses wichtige Königsland schon seit der ersten Hälfte des 10. Jh. als Ausgangsbasis für planmäßige

[4] Leo Stern und Hans-Joachim Bartmuß, Deutschland in der Feudalepoche von der Wende des 5./6. Jh. bis zur Mitte des 11. Jh. (Lehrbuch der Deutschen Geschichte, Beiträge 2/1), Berlin 1963, S. 66; Hessler, a.a.O. S. 67ff.

[5] Hessler, a. a. O. S. 41 und 68ff

[6] Die Slawen in Deutschland. Geschichte und Kultur der slawischen Stämme westlich von Oder und Neisse vom 6. bis 12. Jahrhundert. Ein Handbuch, hrsg. von Joachim Herrmann, Berlin 1970, S. 7ff.

Grafschaft Wörbzig[14], deren Bezirk sich an die alte Gaueinteilung anlehnte und den Gau Serimunt sowie die Kleingaue Zitici und Koledici umfaßte. Im Gau Serimunt oder nunmehr in der Grafschaft Wörbzig lag auch die 1156 erstmalig urkundlich erwähnte Heimat Eikes von Repchow, das heutige Reppichau,[15] im geographischen Dreieck Aken-Dessau-Köthen gelegen.

Otto des Reichen Sohn, Albrecht der Bär, eroberte die angrenzenden Gebiete nördlich der Elbe, zunächst um Zerbst und dann weiter bis Brandenburg.[16] Im Jahre 1157 begründete er die Linie der Markgrafen von Brandenburg. Dreizehn Jahre später teilte Albrecht seine Herrschaft unter seine fünf Söhne auf. Der jüngste, Bernhard, erhielt die Stammburg Anhalt und die Grafschaft Aschersleben, wozu durch weiteren Erbgang bald auch die Grafschaft Ballenstedt kam. Schließlich nahm er 1180 mit Wittenberg und Lauenburg einen Teil der Heinrich dem Löwen abgesprochenen Gebiete unter der Bezeichnung Herzogtum Sachsen zu Lehen. Als Bernhard 1212 verstarb, erbte sein ältester Sohn das Herzogtum Sachsen mit der zunächst noch angefochtenen Herzogswürde. Der jüngere Sohn, Heinrich I., übernahm die askanischen Stammlande als selbständiges Territorium und nannte sich als erster in einer Urkunde vom 21. Februar 1215 „princeps", Fürst von Anhalt.[17] Mit dem Erlöschen der Aschersleben Linie fiel 1315 die Grafschaft Aschersleben, der erste Kernraum der Askanier, an das älteste Bistum dieses Territoriums, an das schon zu Beginn des 9. Jh. zur Bekehrung der Sachsen gegründete Bistum Halberstadt. Sein ursprünglich außerordentlich großes Diözesangebiet wurde durch die Errichtung des Erzbistums Magdeburg erheblich beschnitten. Die politische Stellung der Halberstädter Bischöfe festigte sich, seit dem sie 1052 zu Grafen im Harzgau geworden waren. Doch ein entscheidender Durchbruch in Richtung auf landesherrliche Macht gelang erst nach Verdrängung der bisherigen Schutzvögte, der Herren von Suselitz, und nach dem politischen Ende Heinrichs des Löwen (1180), der noch ein Jahr zuvor Halberstadt völlig zerstört hatte. Das sich entwickelnde Hochstift war territorial eingeengt durch die welfischen Besitzungen im Westen, aus denen 1235 das Herzogtum Braunschweig-Lüneburg hervorging, durch das Fürstentum Anhalt im Süden und Osten sowie durch das Erzstift Magdeburg im Nordosten, dessen mächtige Erzbischöfe sich im übrigen vergebens um die Geschlossenheit ihrer Gebiete bemühten, da sich zwischen das Nord-

[14] Schroeder, a.a.O. S. 28ff.

[15] Urkundenbuch des Klosters Ilsenburg, bearb. v. E. Jacobs, Halle 1875, Bd. I, S. 25 Nr. 20; Codex diplomaticus Anhaltinus, hrsg. von O. von Heinemann, Dessau 1867ff., Bd. I, S. 312, Nr. 425.

[16] Zum Folgenden vgl. Wütschke, a.a.O.

[17] Schroeder, a.a.O. S. 39.

territorium um Magdeburg und das Südterritorium um Halle das Fürstentum Anhalt wie ein Riegel mit großer West-Ost-Ausdehnung geschoben hatte.[18]

In den Siedlungsräumen südlich der Bode übten um 1200 die Askanier die politische und die Bischöfe von Halberstadt die geistliche Herrschaft aus. Ihrem Einfluß waren allerdings die Reichsstifte Quedlinburg und Gernrode weitgehend entzogen wie bis 1166 auch die Reichsabtei Nienburg an der Saale, die dann an das Erzstift Magdeburg fiel. Im Jahre 922 hatte König Heinrich I. auf dem Burgberg Quedlinburg[19] eine bedeutende Pfalz angelegt, zu deren Pfalzkapelle auch ein Kanonikerstift gehörte. Als Otto I. 936 auf der Burg ein adliges Damenstift gründete, zog das Kanonikerstift in den im Tal gelegenen Königshof. Das Damenstift war reichsunmittelbar, seine Äbtissin Reichsfürstin. Im Jahre 994 erhielt das Reichsstift Marktrecht, und die Altstadt konnte sich schnell entwickeln. Schon 1179 wird die Stadtbefestigung der Altstadt erwähnt. Ungefähr um diese Zeit entstand östlich der Altstadt die zunächst selbständige Neustadt. Beide wurden erst 1337 zu einem Gemeinwesen vereint. Da die Äbtissin weder militärische Maßnahmen noch die Gerichtsbarkeit über Leben und Tod (Blutbann) ausüben konnte, richtete König Otto I. eine Schutzherrschaft ein, die in den ersten Jahrhunderten von den Königen selber wahrgenommen und erst später auf Vertreter übertragen wurde. Zwischen 1180 und 1237 übten die Grafen von Falkenstein von ihrer gleichnamigen Burg hoch über dem Selketal diese Funktion, die Schutzvogtei über das Reichsstift, aus, ähnlich wie zu dieser Zeit auch die Grafen von Ballenstedt über das nicht weit entfernte Damenstift Gernrode[20], das ursprünglich vom Markgrafen Gero um 960 eingerichtet und reich ausgestattet, aber bald unter Königsschutz gestellt und damit zusammen mit seinem Tochterstift Frose zu einer königlichen Abtei wurde. Wenig später erfolgte noch die direkte Unterstellung unter den päpstlichen Stuhl. Es blieb jedoch lange Zeit umstritten, ob die beiden benachbarten Reichsstifte damit der geistlichen Amtsgewalt des an sich zuständigen Bischofs von Halberstadt entzogen waren, was erst um die Wende des 13. Jh. endgültig zugunsten der Stifte entschieden wurde.

Seit der zweiten Hälfte des 12. Jh. bemühten sich die mächtigsten der untereinander rivalisierenden Feudalherren Ostsachsens sehr intensiv darum,

[18] a. a. O. S. 60ff.; Erich Neuß und Erhard Voigt, Landesgeschichte, in: Hans-Joachim Mrusek, Von der ottonischen Stiftskirche zum Bauhaus, Halle 1967, S. 18.

[19] Hans-Erich Weirauch, Die Güterpolitik des Stiftes Quedlinburg im Mittelalter, in: Sachsen und Anhalt, Jahrbuch der landesgeschichtlichen Forschungsstelle für die Provinz Sachsen und Anhalt, Bd. 13 (1937), S. 117ff.

[20] Hans K. Schulze, Das Stift Gernrode (Mitteldeutsche Forschungen, Bd. 38), Köln-Graz 1965, passim.

in ihren Gebieten die Landesherrschaft auf- und auszubauen. Das betraf in erster Linie die Erzbischöfe von Magdeburg, die Bischöfe von Halberstadt und die Dynastie der Askanier, ähnlich wie in den südlicheren Bezirken die Dynastien der Wettiner, der Gosecker Pfalzgrafen und der Thüringer Landgrafen.[21] Bei dem damals einsetzenden Konsolidierungsprozeß spielten gerade in Ostsachsen die Grafenrechte eine große, wenn auch nicht die ausschließliche Rolle. Über sie wurde ein Einfluß auf die niedrigste Adelsschicht, auf die noch zahlreichen Schöffenbarfreien, möglich, die nur den König und den Grafen über sich anerkannten. Unter diesen Umständen war die Ausgangslage der Askanier oder Anhaltiner besonders günstig. Sie besaßen die Grafschaften Aschersleben und Wörbzig, also Grafenrechte beiderseits der Saale. Ihrer Zuständigkeit waren eigentlich nur das Reichsstift Gernrode und die Reichsabtei Nienburg a. d. Saale entzogen, doch deren Vogtei lag ebenfalls in ihren Händen, so daß der Errichtung einer Landesherrschaft kaum etwas im Wege stand. Die Bischöfe von Halberstadt hatten es schwerer. Sie stützten sich zwar ebenfalls auf Grafenrechte, die sie 1052 in Teilen des Nordthüringengaues und des Harzgaues erworben hatten, doch diesen fehlte die Geschlossenheit, weshalb sie ihre Herrschaft erst seit dem 13. Jh. ausbauen konnten. Die Erzbischöfe von Magdeburg setzten die Territorialisierung ihres Einflußbereiches im wesentlichen gegen die Grafen von Mühlingen und von Hillersleben durch. Seit Ende des 12. Jh. war ihre Politik zielstrebig darauf gerichtet, den gesamten Besitz zu kirchlichen Immunitätsbezirken werden zu lassen und ihn damit aus der gräflichen Einflußsphäre zu lösen, was ihnen im Laufe der Zeit auch gelang. Damit ist nicht zu verkennen, daß eine sehr wichtige Grundlage für die Errichtung dieser wie auch anderer Landesherrschaften erst mit den erheblichen Zugeständnissen des Königs in den beiden Reichsgesetzen zugunsten der geistlichen (1220)[22] und der weltlichen Fürsten (1231/32)[23] geschaffen wurde. Einzelne Bestimmungen der Confoederatio cum principibus ecclesiasticis fanden auch im Sachsenspiegel Erwähnung.[24]

Das Ringen der verschiedenen politischen Kräfte und Mächtegruppierungen

[21] Zum Folgenden vgl. Hans K. Schulze, Adelsherrschaft- und Landesherrschaft. Studien zur Verfassungs- und Besitzgeschichte der Altmark, des ostsächsischen Raumes und des hannoverschen Wendlandes im hohen Mittelalter (Mitteldeutsche Forschungen, Band 29), Köln-Graz 1963, S. 100ff.

[22] Confoederatio cum principibus ecclesiasticis (MGHConst. II. no. 73,86).

[23] Statutum in favorem principum (MGH Const. II, no. 304, 418, no. 171, 211).

[24] Karl Kroeschell, Rechtsaufzeichnung und Rechtswirklichkeit: Das Beispiel des Sachsenspiegels, in: Recht und Schrift im Mittelalter (Vorträge und Forschungen XXIII), Sigmaringen 1977, S. 352 unter Hinweis auf Ssp. Ldr. I 1 (Zweischwerterlehre), III 60, 2 (Münze und Zoll bei Anwesenheit des Königs), Lnr. 12,2 (Gerichtsunfähigkeit des Gebannten).

um die Herrschaft hatte Eike von Repchow selber erlebt. Zu seinen Lebzeiten, die etwa von 1180 bis 1235 anzusetzen sind, fanden in seiner engeren und weiteren Heimat Ereignisse statt, die in die große Politik, in die Reichspolitik, hineinspielten. Soweit ihn überhaupt Nachrichten erreicht haben, werden sie sein Bewußtsein geprägt und ihn letztlich zu eigener Stellungnahme gezwungen haben. So ist anzunehmen, daß er in noch sehr jungen Jahren vom Tode des immer noch mächtigen Heinrich des Löwen (1195 in Braunschweig) wie von dem seines letzten großen Gegenspielers, von Kaiser Heinrich VI. (1197 im fernen Messina), erfahren hatte. Vielleicht war ihm schon die Versöhnung dieser beiden einflußreichen Persönlichkeiten im Jahre 1194 zu Tilleda am Kyffhäuser in Erinnerung. Mit Sicherheit stand er wie viele seiner Zeitgenossen unter dem bedrückenden Erlebnis der Streitigkeiten um den deutschen Königsthron[25], die 1198 mit einer Doppelwahl begannen und erst nach sechzehn Jahren endgültig geschlichtet werden konnten. Manche Vorgänge darum spielten sich in seiner Nähe ab oder berührten seine Heimat. So wählte die staufische Partei im März 1198 den Sohn Friedrich Barbarossas und Bruder des letzten Kaisers, den jugendlichen Philipp von Schwaben, in der Reichsstadt Mühlhausen (Thür.) zum deutschen König. Er wurde dann in Mainz gekrönt und hielt Weihnachten 1199 in Magdeburg einen großen Hoftag ab. Kandidat der welfischen Partei war Otto IV., Heinrichs des Löwen Sohn, der im Juni 1198 von einer anderen Fürstengruppe in Köln gewählt und wenige Wochen später in Aachen, am rechten Orte, gekrönt wurde. Nach Reichsrecht mußten nun zwischen den Gewählten die Waffen entscheiden, und sie entschieden 1206 zugunsten von Philipp und nach seiner Ermordung (1208) sowie einer sechsjährigen Zwischenregierung Ottos IV. zugunsten des neuen Kandidaten der staufischen Partei, des inzwischen volljährigen Friedrich II. Auch er kam in das Königsland der ersten deutschen Könige. Ein Jahr, nachdem Otto IV. auf der Harzburg verstorben war, hielt Friedrich II. in Goslar 1219 einen Fürstentag ab.

Wie schon seine Vorgänger, mußte sich der junge König ebenfalls mit dem Papsttum auseinandersetzen, das um diese Zeit auf dem Höhepunkt seiner Macht stand und diese auf dem IV. Laterankonzil von 1215 nachhaltig zum Ausdruck gebracht hatte. Ganz besonders bewegte die Gemüter jener Zeit, daß sich der Papst in die deutschen Thronstreitigkeiten einmischte und die Entscheidungsgewalt beanspruchte. Der Protest der deutschen Reichsfürsten in Speyer und Hall vom Jahre 1202 wird Eike von Repchow kaum mehr berührt haben, als die heftige literarische Reaktion seines Zeitgenossen Walther von der Vogelweide, der Philipp von Schwaben zu seiner Krönung nach

[25] Zum Folgenden Hermann Conrad, Deutsche Rechtsgeschichte, Bd. 1, 2. Aufl., Karlsruhe 1962, S. 187.

Mainz und zum Hoftage nach Magdeburg begleitet hatte, und der an den Höfen des Landgrafen Hermann von Thüringen und seines Schwiegersohnes, des Markgrafen Dietrich von Meißen, weilte, wo auch der erste Minnesänger dieses Raumes, Heinrich von Morungen, in angesehener Stellung lebte.[26]

Falls der sagenhafte Sängerkrieg auf der Wartburg wirklich 1207 stattgefunden haben sollte, wird Eike von Repchow sicher davon erfahren haben. Vielleicht kannte er einige dieser Minnesänger und sogar Walther von der Vogelweide persönlich, der als erster in seiner Kunst auch seine politische Überzeugung zum Ausdruck brachte, indem er immer und uneingeschränkt für das Königtum eintrat und die Ansprüche der Kurie zurückwies. Mit seinen Versen unterstützte er die rechtmäßigen deutschen Könige seiner Zeit: Philipp von Schwaben, Otto IV., Friedrich II. Er tat noch mehr. Mit seinem Wirken trug er zur Entwicklung des deutschen Nationalgefühls bei.[27] In vielem war ihm Eike von Repchow geistesverwandt, wie sein Werk beweist.

II. Das Recht und der Drang nach Schriftlichkeit

Vielfalt und Rivalität der feudalstaatlichen Gewalten im mittelalterlichen deutschen Reich äußerten sich seit dem 13. Jh. in einer ebenso großen Vielgestaltigkeit von Gerichtsbarkeit und Recht; denn das Gericht galt als Inbegriff der Herrschaft.[28] Ursprünglich lagen daher Gerichtsgewalt und Gerichtsorganisation fast ausnahmslos in der Hand des Königs. Von ihm wurde jede Gerichtsgewalt abgeleitet, und noch bis ins 13. Jh. übertrug er sie unmittelbar auf die Richter. Die königlichen Gerichte schieden sich nach der Wichtigkeit der Zivil- und Straffälle in Hoch- und Niedergerichte (iudicia maiora, i. minora).[29]

Seitdem die Gerichtsbarkeit mit dem fortschreitenden Feudalismus in das Lehnsystem einbezogen worden war, trat eine Aushöhlung der königlichen Gerichtsgewalt ein.[30] Im Zusammenhang mit dem Ausbau der fürstlichen Herr-

[26] Manfred Lemmer, Literatur und Sprache, in: Hans-Joachim Mrusek, a. a. O. S. 24ff. Vielleicht kann in diesem Zusammenhang auch Heinrich von Ofterdingen erwähnt werden, vgl. Friedrich Mess, Wartburgkrieg und Sachsenspiegel-in: ZRG GA 74 (1957), S. 241ff.

[27] Leo Stern und Horst Gericke, Deutschland in der Feudalepoche von der Mitte des 11. Jh. bis zur Mitte des 13. Jh., Berlin 1978, S. 237f.

[28] Friedrich Merzbacher, Landesherr und Landesherrschaft, in: Handwörterbuch zur deutschen Rechtsgeschichte (HRG), Bd. 2, Sp. 1383ff.; Gerhard Buchda, Gerichtsverfassung, in: HRG, Bd. 1, Sp. 1563ff.

[29] Conrad, a. a. O. S. 374, 381.

[30] Zum Folgenden Buchda, a. a. O.; Conrad, a. a. O.

schaft gewann auch die landesherrliche Gerichtsgewalt an Bedeutung. Es trat eine Territorialisierung des Gerichtswesens ein, was damit begann, daß zunächst die Richter der niederen Gerichte Gerichtsgewalt und Gericht nicht mehr unmittelbar vom König, sondern von den weltlichen Reichsfürsten in ihrer Eigenschaft als Stellvertreter des Königs auf ihrem Herrschaftsgebiet übertragen bekamen. Später unterlagen dann auch die Hochgerichte dieser Regelung, was im Verlaufe der Entwicklung zur Folge hatte, daß nunmehr die Landesherren die Grafen ihres Herrschaftsbereiches mit dem Gericht belehnten und gleichzeitig die Gerichtsgewalt an sie weitergaben. Auf diese Weise wurden vielfach Grafengerichte zu landesherrlichen Gerichten. Doch beiden, den königlichen und den landesherrlichen Gerichten, war inzwischen mit der geistlichen Gerichtsbarkeit eine bedeutende Konkurrenz erwachsen, die sich nicht nur auf innerkirchliche Rechtsangelegenheiten beschränkte, sondern auch tief in den weltlichen Bereich eingriff.

Im 13. Jh. trat schließlich noch eine weitere Umgestaltung des Gerichtswesens ein. Ständische und berufliche Interessen spielten in der mittelalterlichen Feudalgesellschaft eine zunehmende Rolle und ließen eine Anzahl besonderer Gerichte entstehen, die für bestimmte Arten von Rechtsverhältnissen oder für Sachen von besonderer Wichtigkeit zuständig waren. Zu jener Zeit gab es also scheinbar zusammenhanglos nebeneinander Gerichte des Reiches, der Landesherrschaften und der Städte, der Markgenossenschaften und Dörfer; es gab solche für alle freien Bewohner eines größeren oder kleineren Gebietes, wie die Grafengerichte, die Zehnt- oder Gogerichte, die vogteilichen Landgerichte und die kirchlichen Sendgerichte; aber immer mehr gewannen jetzt die Gerichte für ständische oder berufliche Gruppen die Oberhand, wie die geistlichen Gerichte für Kleriker, Lehnsgerichte für den Feudaladel, Dienstgerichte für Dienstmannen, Mark- und Dorfgerichte für freie Bauern, die außerordentlich große Zahl von grundherrlichen Hofgerichten für die abhängigen Bauern sowie Stadt- und Marktgerichte für Stadtbürger und Kaufleute. Schließlich vervollständigen Berggerichte und Deichgerichte das buntscheckige Bild der mittelalterlichen Gerichtsorganisation. Zur Aufspaltung des Gerichtswesens und zur Aufsplitterung der Gerichtsbezirke trat erschwerend hinzu, daß sich die Zuständigkeiten überschnitten und einzelne Personen zugleich mehreren Gerichten unterworfen sein konnten.

Die Einheitlichkeit in dieser Vielfalt lag lange Zeit eigentlich nur im Gerichtsverfahren.[31] Dem jeweiligen Richter dieser Gerichte oblag die Prozeßleitung, die Überwachung des ordnungsgemäßen und ungestörten Verfahrensablaufes, während die Prozeßführung Sache der Parteien war, die ihre An-

[31] Zum Folgenden Conrad, a. a. O. S. 385ff.; Gerhard Buchda, Gerichtsverfahren, in: HRG, Bd. 1, Sp. 1551ff.

träge dem Richter vorbrachten. Dieser traf aber selber keine Entscheidung, sondern erfragte sie bei den Urteilern, bei den Schöffen. In manchen Gegenden mußte das Urteil wiederum von den anwesenden Dingpflichtigen gebilligt werden, die es allerdings auch verwerfen konnten. Das Schöffenamt übten freie Leute, seit karolingischer Zeit Grundbesitzer des Gerichtsbezirks aus, in Ostsachsen später sogar Adlige, die ein Stammgut in der Grafschaft besaßen, wobei Schöffenamt und Gut inzwischen so eng verbunden waren, daß sie nur noch gemeinsam vererbt werden konnten. Keiner der an der Gerichtsverhandlung Beteiligten war im modernen Sinne Jurist; aber sie alle besaßen ein im Laufe des Lebens erworbenes, auf jahrhundertelange Erfahrungen der Vorfahren gegründetes Rechtswissen, das von Generation an Generation mündlich weitergegeben wurde und bis dahin im wesentlichen auch nur in dieser Form weitergegeben werden konnte, weil bloß ein verschwindend kleiner Teil der Bevölkerung und nicht einmal die politisch Mächtigen lesen und schreiben konnten.[32] Auch hier leitete das 13. Jh. eine Wende ein.

Die Rechtsbildung, die sich in fränkischer Zeit im Reich und nach Untergang des fränkischen Reichs in den Stämmen vollzog, verlagerte sich nun immer mehr in die lokalen Bereiche, was allerdings nicht als eine Rückbildung oder als Verfall des Rechts gewertet werden sollte, sondern als eine durch das Fehlen einer vereinheitlichenden Gesetzgebung des Königs notwendig gewordene Anpassung an die tatsächlichen politischen Gegebenheiten.[33] Es setzte auf diese Weise eine Differenzierung des Rechtes ein, zu der das Auseinanderfallen der königlichen Gerichtsbarkeit und das gleichzeitige Erstarken von Sondergerichtsbarkeiten ein übriges beitrug. Dieser Vorgang wird verständlich, wenn man bedenkt, daß es im deutschen Mittelalter zu keiner Zeit ein geschlossenes Rechtssystem gab. Rechtsbildung und Rechtspflege beruhten auf ungeschriebenem Gewohnheitsrecht und auf lokalem Rechtsbrauch. Was als Recht galt, trat nur im Gerichtsurteil zutage und blieb nur solange erkennbar, wie die Erinnerung reichte. Entscheidend waren letztlich die Rechtsüberzeugungen und -vorstellungen der Schöffen, deren soziale Stellung sowie die sich daraus ergebenden Sonderinteressen die Entscheidung bewußt oder unbewußt beeinflußten. In ihren Urteilen paßten sie das Recht den Zeitverhältnissen an und entwickelten es weiter. Da dieser Wandlungsprozeß jedoch nur ganz allmählich ablief, konnte sich noch lange die Vorstellung halten, daß das Stammesrecht im wesentlichen einheitlich ist und nur Unterschiede im Verhältnis zu anderen Stämmen bestehen. Jeder wurde in sein Stammesrecht hineingeboren und behielt es sein Leben lang, auch wenn

32 Elmar Wadle, Über Entstehung, Funktion und Geltungsgrund normativer Rechtsaufzeichnungen im Mittelalter, in: Recht und Schrift im Mittelalter (Vorträge und Forschungen, Bd. XXIII), Sigmaringen 1977, S. 503f.

33 Conrad, a. a. O. S. 345f.

er sich, was unter den damaligen bäuerlichen Verhältnissen eben die große Ausnahme war, außerhalb seines Stammesgebietes aufhielt. Auch während der sich verstärkenden Bevölkerungsbewegung, ausgelöst durch Landesausbau (Rodungssiedlung), Ostexpansion (Kolonistendörfer) und Handelsverkehr (Städtegründungen), hielt man zunächst noch an dieser Auffassung fest. Einzel- und Gruppensiedler brachten ihr Recht in die neue Heimat mit, wie die Nordschwaben nach Ostsachsen und die Flamen in die unter anhaltinischer Herrschaft stehenden Räume im Harzvorland und beiderseits der Elbe (Fläming!). In einem gemeinsamen Siedlungsraum lebend, galt für Sachsen, Thüringer, Franken, Nordschwaben, Flamen und Sorben (Wenden) jeweils ihr personales Recht. Personal war in der Endkonsequenz auch das Lehnsrecht für den Lehnsmann, das Dienstrecht für den Dienstmann und das Hofrecht für den feudalabhängigen Bauern, wenn auch bei letzterem in Ansätzen ein territorialer Bezug unverkennbar ist.[34] Erst sehr langsam, etwa seit dem 12. Jh., setzte sich der Gedanke durch, daß die in einem zwar nicht scharf abgegrenzten, aber ungefähr begrenzbaren Raum lebenden freien Menschen einem gemeinsamen Recht unterworfen werden müßten, das, auf einem der Stammesrechte aufbauend, die Besonderheiten der anderen Rechtsauffassungen berücksichtigen und verarbeiten sollte. So entstand in einem Verschmelzungsprozeß das Landrecht, das, ebenso wie das daraus entstehende Stadtrecht, insofern eine neue Entwicklungsstufe des Rechts verkörperte, als es im Gegensatz zum Stammesrecht eine Fortbildung des Rechts durch vertragliche Übereinkunft der „Großen im Lande" zuließ. An die Stelle der in der Regel unbewußten Weiterentwicklung des Rechts durch die Schöffen trat die bewußte durch die politisch Mächtigen.

Dieser neuen Entwicklung waren allerdings in einem längeren Prozeß grundlegende Veränderungen in der Einstellung zum Recht vorausgegangen. Zum einen konnte es nicht dabei bleiben, daß der bisher nur im Gerichtsurteil offenbar werdende Rechtssatz letztlich bloß den Einzelfall entschied, sondern er mußte auch für alle späteren Sachentscheidungen allgemein verbindlich sowie jederzeit und für jeden überprüfbar bleiben. Er mußte also nunmehr – modern ausgedrückt – Modellcharakter besitzen, was nur durch seine Aufzeichnung, überhaupt durch die Fixierung des geltenden Rechts erreicht werden konnte.[35] Auch eine wissenschaftliche Bearbeitung war erst auf dieser Grundlage möglich. Die damit verbundenen Schwierigkeiten waren trotz des zweifellos erkennbaren kulturellen Fortschritts noch groß genug. Die Zahl der des Lesens und Schreibens Kundigen blieb im Verhältnis zur Gesamtzahl der Bevölkerung weiterhin äußerst gering[36]; doch die an der Einhaltung und

[34] Karl Kroeschell, Deutsche Rechtsgeschichte, Bd. 1, Hamburg 1972, S. 285.

[35] Wadle, a. a. O. S. 508f.

[36] Hermann Krause, Aufzeichnung des Rechts, in: HRG, Bd. 1, Sp. 256–259.

Fortentwicklung des Rechts interessierten politischen Kräfte verfügten sehr bald auch über rechtskundige Gehilfen. Die zweite Voraussetzung für eine Weiterentwicklung des Rechts bestand in dem unumgänglich notwendigen Übergang von der bisherigen Rechtsfindung zum Gesetzesgebot und damit zur Gesetzgebung im modernen Sinne, was nur in einem langen, von der Wissenschaft getragenen Umdenkprozeß geschehen konnte.

Beides, Rechtsaufzeichnung und Anfänge einer Gesetzgebungsideologie, waren zu damaliger Zeit auf das Engste mit der kirchlichen Kultur verbunden; denn die Kirche, für die von Anfang an die geschriebene Überlieferung eine besondere Rolle gespielt hatte[37], war einerseits Träger des Bildungswesens und hatte andererseits als weitreichende verwaltende und wirtschaftende Organisation zeitlich früher als eine der weltlichen Mächte die Notwendigkeit von Rechtsaufzeichnung und Gesetzesgebot erfahren müssen. Sie besaß in den Kloster- und Domschulen zahlreiche Ausbildungsstätten für den eigenen Nachwuchs an Ordens- und Weltgeistlichen. Dort konnten aber auch Kinder, die nicht für den geistlichen Beruf bestimmt waren, einen angemessenen Unterricht erfahren, weshalb diese Anstalten in eine Schola exterior und eine Schola interior geschieden wurden.[38] Die Zöglinge dieser Schulen wurden je nach Qualität der verantwortlichen Lehrer in den sieben freien Künsten unterwiesen, insbesondere in Grammatik und Stil der lateinischen Sprache, in der Kunst des mündlichen und auch des schriftlichen Ausdrucks, in der Fertigkeit, Briefe und Urkunden abzufassen. Als Hilfsmittel standen ihnen dabei Mustersammlungen zur Verfügung. Da Urkunden in der Regel einen rechtlichen Gehalt aufweisen, kamen die Schüler mit juristischen Begriffen und möglicherweise auch mit Rechtsauffassungen der Kirche in Berührung, insbesondere seit die weitverzweigte Kirchenverwaltung auf Kleriker zurückgreifen konnte, die an zentralen Ausbildungsanstalten speziell im kirchlichen Recht unterwiesen worden waren. Im Laufe der Zeit hatte die Ausbildung an den Kloster- und Domschulen schließlich einen Stand erreicht, welcher die Zöglinge in die Lage versetzte, ganz einfache Grundlinien des Rechts zu verstehen und schriftlich auszudrücken. Das war insofern wichtig, als eine vertieftere Unterweisung zu einer Tätigkeit in den Kanzleien des Königs und anderer weltlicher Fürsten befähigte. Die solcher Art geschulten Fachkräfte wurden nicht selten zur Aufzeichnung ihres lokalen Rechtes herangezogen, nachdem auch hier die Kirche vorangegangen war.[39]

Um 1140 verfaßte der als Lehrer für Kirchenrecht in Bologna wirkende

[37] a. a. O.

[38] Helmut Coing, Römisches Recht in Deutschland (IRMAE, Pars V, 6), Mediolani 1964, S. 20f.

[39] a. a. O. S. 23ff., speziell S. 27.

Mönch Gratian für seinen Unterricht ein Lehrbuch, daß sich im wesentlichen als eine sachlich geordnete Sammlung älteren kirchlichen Rechtsstoffes mit eingeschobenen Erörterungen darstellte. Dieses später Decretum (Gratiani) genannte Werk erlangte bald als Lehrbuch und als umfassende Kirchenrechtssammlung große Autorität. Mit ihm wurde die kirchliche Rechtswissenschaft eröffnet.[40] Die von Gratian entwickelte Rechtslehre, die vom Gewohnheitsrecht und seiner schriftlichen Fixierung ausging, übte in der Folgezeit einen großen Einfluß aus. Sie gipfelte in der allgemeinen Regel, daß dort, wo eine rechtliche Bestimmung fehle, die Gewohnheiten des Volkes und die Einrichtungen der Vorfahren für Gesetz gehalten werden sollen.[41] Auf dieser Grundlage setzte besonders nach dem IV. Laterankonzil von 1215, das auch maßgeblich zur Verbreitung und weiteren Durchsetzung des kanonischen Rechts beitrug, in ganz Europa fast gleichzeitig ein Drang zur Aufzeichnung des geltenden weltlichen Rechts ein, wie englische, französische, dänische, schwedische, holländische, spanische und deutsche Rechtsbücher jener Zeit[42] beweisen, deren private Verfasser in der Regel praxiserfahrene Rechtskundige gewesen waren. Sie mußten zu ihrer Zeit im Ansehen von Gebildeten gestanden haben, die auch mit den Grundlehren des kanonischen Rechtes vertraut waren, sonst wären sie nicht mit einer so schwierigen Aufgabe betraut worden; denn es ist kaum anzunehmen, daß sie ihr Vorhaben aus eigener Initiative in Angriff genommen haben. Wer aber den Anstoß dazu gab, die Kirche, die erst mit der Kenntnis des lokalen weltlichen Rechts auch dessen Verhältnis zum eigenen Recht klären und letztlich das eigene Recht durchsetzen konnte, oder die weltlichen Machthaber, die darin ein Mittel sahen, ihren Herrschaftsbereich zu sichern oder zu stärken, bleibt weitgehend im Dunkeln.[43]

In Deutschland begann um 1220 die Reihe der privaten Rechtsaufzeichnungen mit dem Mühlhäuser Reichsrechtsbuch[44] und mit dem Sachsenspiegel, der später zum berühmtesten deutschen Rechtsbuch aufstieg. Er entstand in einem Gebiet, in dem einerseits die politischen Interessen des Reiches mit den

[40] Hans Erich Feine, Kirchliche Rechtsgeschichte, I. Bd. Die katholische Kirche, 2. Aufl., Weimar 1954, S. 245.

[41] Sten Gagnér, Studien zur Ideengeschichte der Gesetzgebung (Acta Universitatis Upsaliensis, Studia Iuridica Upsaliensia, 1), Uppsala 1960, S. 296; Karl Kroeschell, Rechtsaufzeichnung und Rechtswirklichkeit. Das Beispiel des Sachsenspiegels, in: Recht und Schrift im Mittelalter, a.a.O. S. 364ff.

[42] Übersicht bei Gagnér, a.a.O. S. 302–307.

[43] Wadle, a.a.O. S. 507.

[44] Karl August Eckhardt, Die Entstehungszeit des Mühlhäuser Reichsrechtsbuches, in: Deutsches Archiv zur Erforschung des Mittelalters 15 (1959), S. 442ff.

territorialen des Erzstiftes Magdeburg, des Hochstiftes Halberstadt, des Fürstentums Anhalt und vielleicht auch des aufstrebenden Grafen von Falkenstein konkurrierten, in dem andererseits inzwischen viele Bauern stammesmäßig unterschiedlicher Herkunft zusammenlebten und der Kenntnis des hier geltenden Rechts, vielleicht sogar schon einer gewissen einheitlichen Rechtsgrundlage bedurften. In beidem wird die Motivation zur Abfassung des Sachsenspiegels zu suchen sein.

III. Eike von Repchow

Aus dem Mittelalter sind selten die Schöpfer hervorragender individueller Leistungen namentlich überliefert. Zu den wenigen zählt der Verfasser des Sachsenspiegels.[45] Im Vers 266 der Reimvorrede zu seinem Werk stellt er sich fast beiläufig vor:

Nun danket al gemene	Nun danket allgemein
deme van Valkenstene,	dem von Valkenstein,
De greve Hoier is genant,	der Graf Hoyer ist genannt,
dat an dudisch is gewant	daß ins Deutsche ist gewandt
Dit buk dorch sine bede:	dies Buch auf seinen Rat:
Eike van Repchowe it dede;[46]	Eike von Repchow es tat.[46]

Die Echtheit dieser Textstelle kann als wissenschaftlich gesichert angesehen werden. Sie ist darüber hinaus auch nicht das einzige Zeugnis für die

[45] Über Eike von Repchow und den Sachsenspiegel gibt es eine umfangreiche Literatur. In jüngster Zeit wurde sie bibliographisch erfaßt von: Guido Kisch-Sachsenspiegel-Bibliographie, in: ZRG GA 90 (1973), S. 73ff. Danach sind erschienen: Hans-Peter Benöhr, Erfolgshaftung nach dem Sachsenspiegel? In: ZRG GA 92 (1975), S. 190ff.; Hans-Georg Krause, Der Sachsenspiegel und das Problem des sogenannten Leihezwanges. Zugleich ein Beitrag zur Entstehung des Sachsenspiegels, in: ZRG GA 93 (1976), S. 21–99; Karl Kroeschell, Rechtsaufzeichnung und Rechtswirklichkeit: Das Beispiel des Sachsenspiegels, in: Recht und Schrift im Mittelalter (Vorträge und Forschungen, Bd. XXIII), Sigmaringen 1977, S. 349–380.

[46] Als Textausgabe wurde zugrunde gelegt: Karl August Eckhardt, Sachsenspiegel (Germanenrechte. Neue Folge, Land- und Lehnrechtsbücher, Bd. 1), Göttingen 1955–1967. I. Landrecht (1955), II. Lehnrecht (1956), V. Landrecht in hochdeutscher Übertragung (1967). I und II sind zugleich erschienen in Monumenta Germaniae historica, Fontes iuris Germanici antiqui, Nova series.

Existenz einer rechtskundigen Persönlichkeit dieses Namens.[47] Sechs Urkunden aus der Zeit zwischen 1209 und 1233 führen jeweils einen Eike von Repchow unter den Zeugen für wichtige Rechtsakte an, die an verschiedenen linkselbischen Orten zwischen Magdeburg und Meißen von politisch äußerst einflußreichen Adligen des ostfälischen Raumes vorgenommen wurden. Es ist dabei unerheblich, daß in den einzelnen Urkunden die Schreibweise des Namens voneinander abweicht. „Eico de Ripichowe" wird einer der Zeugen in der Urkunde von 1209 genannt, in der die Burggrafen Johann und Walter von Giebichenstein auf der Dingstätte Mettine dem Bischof von Naumburg die südlich von Zörbig gelegene Burg Spören übereignen.[48] Die Dingstätte befand sich im übrigen nicht weit davon auf dem Metterberg, oberhalb des Zörbiger Strengbaches bei Quetzdölsdorf,[49] und gehörte damals zur Grafschaft Brehna. Sie lag nicht, wie lange Zeit angenommen wurde, im Gau Serimunt.[50] Unter den Zeugen eines am 21. Februar 1215 auf Schloß Lippehna zwischen dem Kollegiatstift Coswig und dem Grafen Heinrich von Aschersleben, dem späteren Fürsten von Anhalt, abgeschlossenen Rechtsgeschäftes werden Graf Hoyer von Falkenstein und „Hecco de Repechowe" aufgeführt.[51] Am 1. Mai 1218 bezeugt „Heiko de Ripchowe" in Grimma die Übereignung einiger Güter des Markgrafen Dietrich von Meißen an das Kloster Altzelle.[52] Ein Jahr später findet sich der Name „Eico de Repechowe"

[47] Einen umfassenden Überblick geben: Erik Wolf, Große Rechtsdenker der deutschen Geistesgeschichte, 4. Aufl., Tübingen 1963, S. 1ff.; Hans Thieme, Eike von Repgow, in: Die großen Deutschen I (1956), S. 187ff.; Hans Schlosser, Eike von Repgow, in: HRG, I (1971), Sp. 896ff.; zuletzt Bernhard Pahlmann, Eike von Repgow, in: Deutsche Juristen aus fünf Jahrhunderten, hrsg. v. Gerd Kleinheyer und Jan Schröder, Karlsruhe-Heidelberg 1976, S. 78ff.

[48] Codex diplomaticus Anhaltinus, hrsg. von O. von Heinemann, Dessau 1867ff., Bd. I, S. 576, Nr. 779; Codex diplomaticus Saxoniae regiae, Teil I: Die Urkunden der Markgrafen von Meißen und der Landgrafen von Thüringen, hrsg. von O. Posse, Leipzig 1882ff. Bd. 3, S. 110, Nr. 140; Urkundenbuch der Stadt Halle, hrsg. von A. Bierbach, Teil I (806–1300), Magdeburg 1930, S. 125f. Nr. 131.

[49] Gustav Reischel, Wüstungskunde der Kreise Bitterfeld und Delitzsch, Magdeburg 1926, S. 287–289: Die Gerichtsstätte Mettine (Meten, der Metterberg), Krs. Bitterfeld, im a(lten) A(mt) Zörbig ... Der Berg, auf dem Meßtischblatt 2533 Quetzer Berg genannt, liegt östlich von Quetz und bildet mit 26 m Höhe über dem Strengbache bei Quetz eine weitausschauende Erhebung. Ihr nördl. Teil heißt auf dem Mtbl. Galgenberg.

[50] Zuletzt Kroeschell, Rechtsaufzeichnung, S. 352.

[51] Cod. dipl. Anhaltinus, II Nr. 14.

[52] C. F. v. Posern-Klett, Zur Geschichte der Verfassung der Markgrafschaft Meißen im 13. Jahrhundert, Leipzig 1863, S. 30.

wieder zusammen mit dem des Grafen Hoyer von Falkenstein auf einer Urkunde, mit der Fürst Heinrich von Anhalt und das Goslarer Stift St. Simonis et Judae einen Rechtsstreit durch Vergleich beenden.[53] Im Jahre 1224 tritt „Eico de Ribecowe“ als Urkundszeuge auf dem Landding der Grafschaft Eilenburg in Delitzsch auf, das unter dem Vorsitz des Landgrafen Ludwig von Thüringen in seiner Eigenschaft als Vormund Heinrichs von Meißen getagt hat.[54] Der letzte Beleg stammt aus dem Jahre 1233. Hier erscheint „Eico de Repchowe“ auf einer in Salbke, dem heutigen südöstlichen Stadtteil von Magdeburg, errichteten Schenkungsurkunde der Markgrafen Johann und Otto von Brandenburg zugunsten des Klosters Berge als Letzter in der Zeugenreihe.[55]

Der in diesem begrenzten Zeitraum immer wieder genannte Eike entstammt vermutlich einer ostfälisch-sächsischen Familie, die im 12. Jh. als Kolonisten aus dem Altsiedelland in den Sorbengau Serimunt eingewandert waren, sich im Raum Reppichau niederließen oder niederlassen durften und sich bald nach diesem Ort nannten. Schon 1156 werden „Eyco“ und „Arnolt de Reppechowe“ urkundlich als Teilnehmer an einer Gerichtsverhandlung erwähnt, die Markgraf Albrecht der Bär in Wörbzig abgehalten hat.[56] Eine weitere Urkunde[57] weist aus, daß 1159 die beiden schon genannten Eyco und Arnolt zusammen mit einem Markwart von Repchow $1^1/_2$ Hufen ihres Gutes an das Erzstift Magdeburg als Schenkung unter der Bedingung übergeben haben, daß sie den auf ihrem gesamten Besitz ruhenden Zehnten als erbliches Lehn erhalten. Diese drei Angehörigen der Familie von Repchow, unter denen Eikes Großvater oder Vater, vielleicht auch beide, zu suchen sind, waren also Vassallen des Erzstiftes Magdeburg. Es ist sogar urkundlich belegt, daß die Familie 1227 ein Haus in Magdeburg zu Lehn besaß. Doch ihre Spuren weisen nicht nur ins 12. Jh. zurück, sondern lassen sich in regelmäßigen Abständen auch noch nach 1250 bis zum Anfang des 19. Jh. in Anhalt, Sachsen und Brandenburg verfolgen.[58]

Das Leben und Wirken Eikes von Repchow ist für einen Zeitraum von 24 Jahren in nur wenigen Daten abgesteckt. Immerhin geben sie zuverlässige

[53] Cod. dipl. Anhaltinus II, S. 30, Nr. 32.

[54] v. Posern-Klett, a. a. O. S. 29.

[55] Cod. dipl. Anhaltinus, II, S. 94, Nr. 116.

[56] Cod. dipl. Anhaltinus, I, Nr. 425.

[57] A. a. O. Nr. 453.

[58] Über die von Repchow vgl. Karl August Eckhardt, Sachsenspiegel IV: Eike von Repchow und Hoyer von Valkenstein, Hannover 1966, S. 9ff. Eckhardt weist besonders auf den engen Zusammenhang mit den Burggrafen von Giebichenstein hin. Er glaubt ferner, eine weitere Urkunde gefunden zu haben, in der Eike erwähnt wird (S. 66ff.).

Auskunft über einige Tatsachen und lassen auch verschiedene Schlüsse zu. Mit Sicherheit hat sich Eike 1209, zum Zeitpunkt seiner ersten urkundlichen Erwähnung, schon im Mannesalter befunden, sonst hätte er nach sächsischem Recht noch nicht als Zeuge auftreten können. Die Urkunden lassen ferner zweifelsfrei erkennen, daß sich Eike während dieser Zeit häufig in Gesellschaft oder im Gefolge einflußreicher Fürsten befunden hat und als Zeuge jedesmal an einem anderen Ort aufgetreten war. Es fällt daher schwer, in Eike einen Schöffen zu sehen, da es doch sehr unwahrscheinlich ist, daß er diese Funktion zugleich in mehreren Gerichtsbezirken ausüben durfte. Sein Werk, der Sachsenspiegel, bietet weitere Anhaltspunkte über seine Person. Zumindest ist ihm zu entnehmen, daß sein Verfasser lesen und vielleicht auch schreiben konnte, und daß er der lateinischen Sprache einigermaßen mächtig war.[59]

Weitere Einzelheiten aus Eikes Leben lassen sich nur auf Vermutungen gründen. Danach darf seine Geburt um 1180[60] angesetzt werden, wahrscheinlich in Reppichau, obwohl nichts in diese Richtung weist. Sehr umstritten bleibt trotz vieler scharfsinniger Untersuchungen die Herkunft, Eikes Geburtsstand.[61] Die Urkunden geben hier ebenfalls keine eindeutige Antwort. Aus dem Rang innerhalb der Zeugenreihen kann ebenso einleuchtend begründet werden, daß er einem edelfreien Geschlecht entstamme, wie aber auch, daß er ein Ministeriale, ein Dienstmann gewesen sei. Allerdings sind hier insofern Zweifel angebracht, als sich Eike nach seinen eigenen Worten sachlich außerstande sieht, das umfängliche Recht der Dienstmannen zu beschreiben. Dem Lehnsrecht dagegen räumt er überaus viel Platz ein. Vielleicht stimmt beides in dem Sinne, daß er als Freier in die Dienste eines Fürsten getreten war und damit zu einem Ministerialen wurde; vielleicht hat er als einer der jüngeren Söhne Erbverzicht leisten müssen, um das Stammgut der Familie nicht durch Erbteilung zu gefährden, und hat dafür eine gründliche Erziehung und relativ umfassende Ausbildung genossen, die ihn befähigte, einem Fürsten wie dem Anhaltiner in vieler Hinsicht beratend zur Seite zu stehen. Im übrigen war die Verschmelzung von Rittern und Dienstmann zu einem Stand bis zum 13. Jh. so gut wie abgeschlossen[62], so daß es müßig ist, auf der einen oder anderen Ansicht zu beharren. Unbestritten bleibt nach wie vor, daß Eike Lehnsmann des Grafen Hoyer von Falkenstein gewesen ist,[63] dem er in der Reimvorrede zum Sachsenspiegel wohl nicht nur

[59] Coing, a.a.O. S. 109.

[60] Eckhardt, Sachsenspiegel IV, S. 14 unter Berufung auf Walter Möllenberg, Eike von Repgow und seine Zeit, Burg 1934, S. 12.

[61] Einen Überblick bietet Kroeschell, Rechtsaufzeichnung, S. 353f.

[62] Conrad, a.a.O. S. 297.

[63] Kroeschell, Rechtsaufzeichnung, S. 354.

aus Bescheidenheit[64] ein Denkmal setzt. Eines dieser Lehnsgüter, zwei Hufen, die zum Vogteigut des Reichstifts Quedlinburg gehörten, scheinen sogar gefunden zu sein.[65] Auf recht unsicherem Grund steht wiederum die Vermutung, daß Eike als Helfer seines Lehnsherren, des Grafen von Falkenstein, an der Vertreibung der Äbtissin Sophia vom Reichsstift Quedlinburg und an der Besetzung ihrer Burg beteiligt gewesen war.[66] Sie stützt sich auf zwei Briefe des Papstes Honorius III. aus den Jahren 1224 und 1226 sowie auf diesbezügliche Hinweise aus der Sächsischen Weltchronik, die Eike von Repchow ebenfalls zugeschrieben wird. Da seine Verfasserschaft neuerdings wieder mit einleuchtenden Gründen bestritten wird,[67] bleibt der Gedanke, daß Eike bei Gelegenheit dieser Auseinandersetzung von 1224 bis 1226 in der Quedlinburger Stiftsbibliothek seinen Sachsenspiegel aus dem Lateinischen ins Deutsche übertragen haben könnte, zwar sehr verlockend, verliert aber erheblich an Überzeugungskraft. Nicht anders steht es mit der Mutmaßung, daß Eike Jahre zuvor in Halberstadt Schüler des großen Kanonisten und ehemaligen Bologneser Rechtslehrers Johannes Teutonicus (Zemeke)[68] gewesen sei und durch ihn vertiefte Rechtskenntnisse erworben habe,[69] die ihn zur Abfassung des Sachsenspiegels motiviert haben könnten. Beweise gibt es jedenfalls auch dafür nicht. Im übrigen kommt Teutonicus als Lehrer für Eikes schulische Ausbildung nicht infrage, weil er nachweislich im Jahre 1212, also drei Jahre nach Eikes frühester urkundlicher Erwähnung als Domherr nach Halberstadt kam und im Laufe der Jahre dann zum Dompropst emporstieg. Erst 1220 übernahm Teutonicus die Leitung der Domschule Halberstadt. Diese Daten schließen allerdings bei der räumlichen Nähe ihrer Wirkungsbereiche eine persönliche Bekanntschaft oder sogar einen intensiveren Gedankenaustausch zwischen Eike und Teutonicus, die fast gleichaltrig gewesen sein können, keineswegs aus. Doch hier, wie auch im Zusammenhang

64 Über den Dank an den Grafen Hoyer als eine bloße Bescheidenheitsformel vgl. Carl Erdmann, Der Entschluß zur deutschen Abfassung des Sachsenspiegels. in: Deutsches Archiv zur Erforschung des Mittelalters, Bd. 9 (1951/52), S. 189ff,

65 Eckhardt, Sachsenspiegel IV, S. 66ff.

66 A. a. O. S. 64ff.

67 Hubert Herkommer, Überlieferungsgeschichte der „Sächsischen Weltchronik". Ein Beitrag zur deutschen Geschichtsschreibung des Mittelalters (Münchener Texte und Untersuchungen zur deutschen Literatur des Mittelalters, 38), München 1972, S. 229ff.; ergänzend Kroeschell, Rechtsaufzeichnung, S. 358, Anm. 74.

68 Stephan Kuttner, Johannes Teutonicus, der Glossator (Johannes Zemeke), in: Neue Deutsche Biographie, 10 (1974), S. 571a–573a.

69 Erik Wolf, a. a. O. S. 5.

mit weiteren Einzelheiten seiner Ausbildung und Erziehung bewegt man sich auf recht unsicherm Grund.

Eike von Repchow war nach den Maßstäben seiner Zeit kein Gelehrter, besaß aber für einen Angehörigen seines Standes eine überdurchschnittliche Bildung.[70] Die Bibel, insbesondere die Vulgata, war ihm vertraut, das kanonische Recht offensichtlich nicht unbekannt. Dem Sachsenspiegel ist zu entnehmen, daß Eike auch eine Anzahl kirchenhistorischer Schriften verwertet hat. Neben kirchlich orientierten Quellen benutzte Eike in fast gleichem Umfange weltliche, wie z. B. einige Reichs- oder territoriale Landfriedensgesetze und das Fürstengesetz Friedrichs II. vom 26. April 1220[71], mit dem Kaiser Friedrich II. durch hoheitsrechtliche Zugeständnisse an die geistlichen Fürsten 1220 in Frankfurt (Main) die Wahl seines Sohnes Heinrich VII. zum deutschen König erkaufte. Vermutlich hat Eike schließlich auf Chroniken und auf Werke der zeitgenössischen Dichtung zurückgegriffen.

Es spricht vieles dafür, daß Eike einen wesentlichen Teil seiner Kenntnisse schon in früher Jugend an einer der Domschulen in Halberstadt oder Magdeburg, möglicherweise auch an einer der zahlreichen Klosterschulen seiner Heimat erworben hat. Immerhin stand um diese Zeit das Kanzlei- und Urkundenwesen an den beiden Kirchenzentren schon in bemerkenswerter Blüte[72], so daß von daher die ersten Rechtsbegriffe vermittelt worden sein könnten. Die weitere Vermutung, daß Eike vielleicht anfänglich für den geistlichen Stand bestimmt war und später aus inneren Vorbehalten dem Kloster den Rücken wandte, um gegen Ende seines Lebens wieder dorthin zurückzukehren, ist, soweit die Jugendzeit infrage steht, nicht so ohne weiteres auszuschließen; sie stützt sich aber sonst wohl doch zu sehr auf Rückschlüsse aus der Sächsischen Weltchronik, die nach neuesten Erkenntnissen erst nach 1260 entstanden sein kann und daher Eike nicht mehr zugeschrieben werden darf.[73]

Gleichwohl muß davon ausgegangen werden, daß Ausbildung und Erziehung unter den damaligen Verhältnissen immer noch überwiegend kirchlich geprägt waren, was jedoch unterschiedliche Auffassungen der Lehrkräfte[74] zu politischen Einzelfragen der Zeit, wie zu den Machtverhältnissen zwischen

[70] Hans Thieme, a.a.O. S. 193f.

[71] Siehe Anm. 22; über die Quellen des Sachsenspiegels vgl. im übrigen Roderich Schmidt, Studien über Eike von Repgow und den Sachsenspiegel, phil. Diss. Greifswald 1951 (Masch. Schr.), S. 5ff.

[72] Ottokar Menzel, Untersuchungen zur mittelalterlichen Geschichtsschreibung des Bistums Halberstadt, in: Sachsen und Anhalt, 12 (1936), S. 95ff.; Helmut Beumann, Beiträge zum Urkundenwesen der Bischöfe von Halberstadt (965–1241), in: Archiv für Urkundenforschung, 16 (1939), S. 1–101.

[73] Kroeschell, a.a.O. S. 358 unter Berufung auf Herkommer.

[74] Coing, a.a.O. S. 21.

Kaiser und Papst, keineswegs ausschloß. Neben die geistliche trat nun jedoch auch eine weltlich bestimmte Bildung, wobei im Vordergrund des ritterlichen Bildungsideals die körperliche, militärische Ertüchtigung stand, zu der im bescheidenen Maße eine musische Erziehung und eine Unterweisung in Umgangsformen hinzutraten.[75] Mit sieben Jahren begann für einen Jungen aus diesen Schichten beim Lehnsherrn oder bei einem anderen, mit der Familie befreundeten Feudalherren die Ausbildung in den „Sieben Künsten" des Ritters: Reiten, Schwimmen, Bogenschießen, Fechten, Jagen, Schachspielen und Verskunst. Mit 14 Jahren wurde er Knappe und vervollkommnete seine Fertigkeiten als ständiger Begleiter des Lehnsherrn, um mit 21 Jahren den Ritterschlag zu erhalten. Auf Eike von Repchow bezogen, könnte eine vertieftere oder zumindest abweichende Ausbildung nahegelegen haben, weil der Lehnsherr der Familie ein geistlicher und kein weltlicher Fürst war. Damit fänden auch manche Widersprüche im Zusammenhang mit seiner Bildung eine Erklärung, eine Bildung, die für eine Erziehung zum geistlichen Stand nicht ausreichte, ihn zu einem „verpfuschten Theologen" stempelte[76], die ihn andererseits aber über seine Standesgenossen hinaushob. Dieser Bildungsstand, gepaart mit der Weltoffenheit des Gereisten und mit der Rechtskunde eines lebenserfahrenen Ratgebers, setzten ihn in den Stand, das Recht seiner Heimat zu erfassen, zu einem geschlossenen Werk zusammenzufügen und der Nachwelt zu überliefern.

IV. Der Sachsenspiegel

1. Entstehung und Textentwicklung

Der Sachsenspiegel, die berühmte private Aufzeichnung des sächsischen Rechts und zugleich das erste deutsche Prosawerk, gehört zu den bedeutendsten mittelalterlichen Quellen, die uns überliefert sind. Seine Vorbildwirkung war groß, seine Ausstrahlung noch größer, beiden ging aber die Schöpfung voraus, die für die damalige Zeit eine außerordentlich große geistige Leistung darstellte. Davon zeugen in Andeutungen schon die in den Sachsenspiegel einführenden vier Vorreden: die Reimvorrede (Praefatio rhytmica), die Vorrede (prologus) und der Text der Vorrede (textus prologi) und die vierte Vorrede „Von der Herren Geburt", von denen der erste Teil der Reimvorrede und die vierte Vorrede später von anderer Hand hinzugefügt wurden.[77] Der von Eike stammende zweite Teil der Reimvorrede berichtet über die Ent-

[75] Stern-Gericke, a.a.O. S. 232, auch für das Folgende.
[76] Thieme, a.a.O. S. 193.
[77] Conrad, a.a.O. S. 352.

stehung dieses Rechtsbuches und vermittelt einen tiefen Einblick in die Schwierigkeiten, vor denen der Verfasser bei der Verwirklichung seines Vorhabens stand oder doch zu stehen glaubte, und auch in die Sorge um die Resonanz seines Werkes, wenn er etwa betont:

Dit recht hebbe ek selve nicht irdacht,	Dies Recht hab ich nicht selbst erdacht,
it hebbet van aldere an unsik gebracht	es haben von Alters auf uns gebracht
Unse guden vorevaren	unsere guten Vorfahren[78]

Diese Ausdrucksweise erinnert im übrigen sehr an die Formulierung von Gratian. Doch es ist unverkennbar, daß Eike nicht nur wiedergeben, sondern auch verbessern, richtigstellen will.[79] Die Reimvorreden geben darüber hinaus Auskunft, wie der Verfasser auf den Namen seines Werkes kam:

„Spegel der Sassen"	„Spiegel der Sachsen"
Scal dit buk sin genant,	sei dies Buch genannt,
went Sassen recht is hir an bekant,	denn Sachsenrecht wird darin erkannt
Alse an eneme spegele de vrowen	wie in einem Spiegel die Frauen
er antlite scowen.	ihr Antlitz beschauen.[80]

Es geht aus ihnen ferner die Motivation des Autors zur Abfassung des Sachsenspiegels hervor, wobei er sich völlig darüber im Klaren ist, daß „vieler weiser Leute Lehren"[81] besser als seine einzige sind, daß eben aber niemand

bat dar to ne stut,	eher darauf fiel,
Wo he de lude gemene	wie er den Leuten allgemein,
grot unde klene	groß und klein,
Rechtes brechte in kunde,	des Rechtes Lehren künde,
na deme he sek verstunde,	so gut er es verstünde,
Denne dut de mut min;	als es mein Ziel war:
des geve ek to orekunde dit bukelin.	zu Urkund bring ich dies Büchlein dar.[82]

Schließlich hat sich Eike von Repchow, wie schon erwähnt,[83] in den Reimvorreden zum Sachsenspiegel als der Verfasser dieses Werkes namentlich zu

[78] Verse 151–153.
[79] Conrad, a. a. O.
[80] Verse 178–182.
[81] Vers 209.
[82] Verse 214–220.
[83] S. 21.

erkennen gegeben und gleichzeitig auch auf die Verdienste des Grafen Hoyer von Falkenstein für das Zustandekommen des deutschen Sachsenspiegels aus einer lateinischen Urfassung hingewiesen. Es sind die inzwischen berühmt gewordenen, die Reimvorrede abschließenden Verse 265 bis 280. An ihnen ist viel herumgedeutet worden, wozu das Fehlen des lateinischen Sachsenspiegels oder des lateinischen Entwurfs, aber auch die Unklarheit über das Motiv zur schriftlichen Fixierung des sächsischen Rechts in lateinischer Sprache[84] viel beitrugen. Eine Zeitlang wurde sogar der Wahrheitsgehalt der einleitenden Bemerkungen in den Reimvorreden angezweifelt. Diese Auffassung ist überwunden.[85] Das spurlose Verschwinden der lateinischen Urfassung macht allerdings noch immer Kopfzerbrechen. Sie wird damit erklärt, daß Eike sie selber vernichtet habe, weil sie ein offensichtlicher Mißerfolg gewesen sei.[86] Mit gleicher Berechtigung kann angenommen werden, daß die lateinische Fassung außer Verkehr gezogen worden sei, weil die deutsche Fassung insgesamt oder in Teilen keine bloße Übersetzung mehr, sondern durch Ergänzungen inzwischen eine Neuschöpfung geworden und weil das Bedürfnis nach einer allgemein verständlichen Fassung sehr groß war, da anzunehmen ist, daß sich die Fachsprache noch nicht allzu sehr von der Umgangssprache unterschied. Alle Zweifel an einem lateinischen Urtext und an einer eigenhändigen Vernichtung schienen behoben, als im sog. Auctor vetus de beneficiis, einem in schwerfälligem Latein abgefaßten Lehnrechtsbuch, ein Rest des lateinischen Sachsenspiegels vermutet werden konnte. Nach vielem Für und Wider ist der modernen Forschung[87] durch Vergleich mit dem sog. Görlitzer Rechtsbuch aus dem Jahre 1300[88] inzwischen der Nachweis gelungen, daß der „Auctor vetus" die lateinische Urfassung des Sachsenspiegel-Lehnrechts oder zumindest eine unmittelbare Ableitung von ihr gewesen sein dürfte,[89] daß also eine von beiden die Vorlage für das Lehnrecht des

[84] Erik Wolf (S. 8) weist daraufhin, daß zu jener Zeit alle Rechtsurkunden lateinisch gefaßt wurden.

[85] Kroeschell, Rechtsaufzeichnung, S. 355.

[86] Walter Möllenberg, Eike von Repgow und seine Zeit, Burg 1934, S. 14.

[87] Karl August Eckhardt in der Einleitung zu: Auctor vetus de beneficiis (Germanenrechte Neue Folge, Land- und Lehnrechtsbücher 2), I. Lateinische Texte (1964), später dazu II. Archetypus und Görlitzer Rechtsbuch (1966); diese Beweisführung erhärtet Krause, a.a.O. S. 54ff., speziell durch die vier Argumente auf den Seiten 57–59. E. Molitor, Der Gedankengang des Sachsenspiegels. Beiträge zu seiner Entstehung, in: ZRG GA 65 (1947), S. 61 hält den Auctor vetus für eine Übersetzung aus dem Deutschen ins Lateinische.

[88] Gerhard Buchda, Görlitzer Rechtsbuch, in: HRG I, Sp. 1755f.

[89] Eckhardt, Einleitung, S. 42.

deutschen Sachsenspiegels gebildet haben muß und daß sich sogar Teile einer lateinischen Vorfassung des Sachsenspiegel-Landrechts erschließen lassen.

Die Entstehungszeit dieses berühmten deutschen Rechtsbuches kann mit Sicherheit auf den Zeitraum zwischen 1220 und 1235 eingegrenzt werden. Ein früherer Termin ist auszuschließen, weil die verfassungsrechtlich wichtige Confoederatio cum principibus ecclesiasticis aus dem Jahre 1220 inhaltlich schon im Sachsenspiegel verwertet wurde. Eine Abfassung nach 1235 kommt ebenfalls nicht mehr in Betracht, weil dann das zu diesem Zeitpunkt errichtete Herzogtum Braunschweig-Lüneburg in das Verzeichnis der sächsischen Fahnlehen[90] hätte aufgenommen werden müssen. Im übrigen bezog sich bereits der vom polnischen Herzog Heinrich I. (dem Bärtigen) veranlaßte Hallische Schöffenbrief[91] an die schlesische Stadt Neumarkt aus dem Jahre 1235 auf den Sachsenspiegel.[92] Eine präzisere Datierung, die etwa die lateinische Urfassung auf die Jahre 1221 bis 1223, den deutschen Sachsenspiegel auf den Zeitraum zwischen 1224 und 1226 eingrenzen will,[93] kann trotz allen aufgewandten Scharfsinnes immer noch nicht zweifelsfrei belegt werden.[94] Es erscheint sogar die Überlegung angebracht, ob überhaupt mit so engen Zeiträumen gerechnet werden darf, wo doch wohl davon auszugehen ist, daß der Sachsenspiegel nicht in einem Wurf, sondern in einem längeren, nicht weniger als sechs Stufen umfaßenden Entwicklungsprozeß entstanden ist.[95] Bei der Erstfassung kommt noch erschwerend hinzu, daß sein Autor an kein unmittelbares Vorbild anknüpfen konnte wie die späteren Verfasser ähnlicher Vorhaben und daß ihn Nachrichten über wichtige politische Ereignisse oder über neue rechtliche Regelungen nicht immer rechtzeitig, manchmal auch nur zu spät erreichten, um sie sofort noch in die Vorlage einarbeiten zu können. Solche und ähnliche Gründe werden Eike schon bei der Übersetzung in die erste deutsche Fassung, aber auch in späteren Jahren bewogen haben, selber noch eine Überholung und Erweiterung seines Werkes vorzunehmen.[96] Dafür einen kürzeren Zeitraum anzusetzen, kann durchaus angebracht sein, für die Erstfassung jedoch nicht. Diese Erwägung hilft jedoch nicht viel weiter, weil für eine gewissenhafte Beurteilung die Kenntnis

[90] Ldr. III 62,2.

[91] UB Halle, S. 206–214, Nr. 224.

[92] Karl August Eckhardt, Rechtsbücherstudien, 3. Die Textentwicklung des Sachsenspiegels von 1220 bis 1270, (Abhandlungen der Gesellschaft der Wissenschaften zu Göttingen, phil.-hist. Kl., 3. Folge, Nr. 6), Berlin 1933, S. 65f.

[93] Eckhardt, Auctor vetus I, S. 42ff.

[94] Zusammenfassend Kroeschell, Rechtsaufzeichnung, S. 356.

[95] Krause, a. a. O. S. 73 und 74 Anm. 166.

[96] A. a. O. und Kroeschell, Rechtsaufzeichnung, S. 358.

der Arbeitstechnik für ein Schriftwerk im 13. Jh. unerläßlich ist, und die liegt weitgehend im Dunkeln.

Es muß noch einmal auf die Feststellung zurückgekommen werden, daß Eike von Repchow augenscheinlich lesen und wohl auch schreiben konnte, was, genau genommen, nichts darüber aussagt, wie weit darin seine praktischen Fähigkeiten entwickelt waren. So bleibt letzten Endes nicht eindeutig geklärt, ob er seine Vorstellungen vom sächsischen Recht selber aufzeichnen konnte und wollte, oder ob er in jedem Fall auf einen Schreiber angewiesen war, der ihm regelmäßig, vielleicht aber auch nur zeitweilig zur Verfügung stand. Seine gesellschaftliche Stellung rechtfertigt wohl eher die Annahme, daß sich Eike einer Hilfskraft bedient habe, die in angemessener Zeit die Niederschrift seiner vieljährigen Arbeitsergebnisse besorgte.[97] Sie konnte damit aber gleichzeitig die sprachliche Gestaltung des Sachsenspiegels beeinflußt haben. Eikes heimische Mundart, höchstwahrscheinlich das Elbostfälische[98], wird nur für die Wortwahl ausschlaggebend gewesen sein. Zum Schriftbild hat dagegen der Schreiber entscheidend beigetragen, der wiederum den Stil seiner Schreibschule repräsentierte.[99] Damit kann zunächst auch dahingestellt bleiben, an welchem Ort Eike seinen Sachsenspiegel diktiert hat. Hierüber gibt es ebenfalls keine eindeutige Aussage, allenfalls Vermutungen, die etwa die Burg Falkenstein über dem Selketal,[100] die Stiftsbibliothek Quedlinburg[101] oder das Stammgut in Reppichau[102] in Betracht ziehen, wobei die erkennbare Benutzung der Bibel und einer Reihe anderer Werke dafür spricht, daß der Sachsenspiegel in oder zumindest in der Nähe einer der Stifts- oder Klosterbibliotheken des östlichen Harzvorlandes entstanden sein dürfte.

Die erste Fassung des Sachsenspiegels war nicht zugleich auch die endgültige. Diese wurde erst nach einer langen Entwicklung erreicht, wie die

97 Karl August Eckhardt, Das Landrecht des Sachsenspiegels (Germanenrechte, Texte und Übersetzungen Bd. 14), Göttingen 1955, S. 11.

98 Karl Bischoff, Sprache und Geschichte an der mittleren Elbe und der unteren Saale (Mitteldeutsche Forschungen Band 52), Köln-Graz 1967, S. 53f.

99 Eckhardt, a. a. O.

100 Rudolf Kötzschke und Hellmut Kretzschmar, Sächsische Geschichte, 1. Band: Rudolf Kötzschke: Vor- und Frühgeschichte, Mittelalter und Reformationszeit, Dresden 1935, S. 125; Eberhard Schreyer, Die Burg Falkenstein, Leipzig-Jena 1959.

101 Eckhardt, Sachsenspiegel IV, S. 63ff.

102 Kurt Müller, Wahrheit und Dichtung um Eike von Repgow, in: Anhaltinische Geschichtsblätter 13 (1937), S. 15; dort wird auch der Nachweis geführt, daß die Legende von der Entstehung des Sachsenspiegels auf dem Falkenstein im Jahre 1812 entstanden ist (S. 10ff.).

intensiven Forschungen von Gustav Homeyer und seine noch heute gültige Einteilung in drei Textklassen sowie die Differenzierung der ersten Homeyerschen Textklasse in vier weitere Entwicklungsphasen durch Karl August Eckhardt überzeugend beweisen[103]. Dabei lassen sich in der Entwicklungsgeschichte des Textes zwei Perioden unterscheiden. Die erste wird von der Entstehung der lateinischen Urfassung bis etwa um 1270 angesetzt, die zweite von diesem Zeitpunkt bis zur Herausbildung einer Vulgatform im 15. Jh.[104]. In die erste Periode fallen einmal alle von Eike stammenden Fassungen, die sog. originären Rezensionen. Das sind im einzelnen die lateinische Urfassung[105], die erste deutsche Fassung[106] und schließlich die im Text erweiterte zweite deutsche Fassung[107], deren Landrechtsteil nunmehr in fünf Bücher eingeteilt ist, um den praktischen Gebrauch zu erleichtern. Diese Neuredaktion könnte in Magdeburg entstanden sein, wofür einerseits spräche, daß Eike dort Verwandte besaß, andererseits aber auch, daß der Sachsenspiegel als Rechtsquelle schon in der zwischen 1235 und 1250 entstandenen Magdeburger Weichbildchronik und in dem etwa zwischen 1257 und 1261 in Halle oder Magdeburg erstmals aufgezeichneten Weichbildrecht benutzt worden war[108]. Mit den Fassungen drei und vier beginnen die Fremdbearbeitungen, die sog. derivativen Rezensionen, wobei mit der dritten[109], der Eikes deutscher Urtext, durch einige Novellen ergänzt, zugrunde liegt, die erste Periode der Textentwicklung abschließt.

Die vierte Fassung[110] leitet die zweite, relativ umfassende Periode in der Textgeschichte ein, wobei zu beachten ist, daß dieser Zeitabschnitt nicht nur für die weitere Entwicklung des Sachsenspiegels von Bedeutung ist, sondern fast mehr noch für seine Verbreitung. Die Entstehung der vierten Fassung muß für die Zeit zwischen 1261 und 1270 angesetzt werden. Der genaue Zeitpunkt läßt sich also, wie bei den anderen Fassungen, nicht mehr feststellen, dafür aber der Entstehungsort Magdeburg.[111] Sie baut auf Eikes

[103] Einen zusammenfassenden Überblick gibt Kroeschell, Rechtsaufzeichnung, S. 357ff. Er wertet dabei auch die Untersuchungen von Elisabeth Nowak, Die Verbreitung und Anwendung des Sachsenspiegels nach den überlieferten Handschriften, Hamburg 1965 (Masch. Schr. phil.-Diss.), aus und distanziert sich mit Recht von der einseitigen Kritik an dieser Arbeit.

[104] Nowak, a.a.O. S. 14ff.

[105] A.a.O. S. 15–18.

[106] A.a.O. S. 18–23.

[107] A.a.O. S. 24–27.

[108] A.a.O. S. 4, 32f.

[109] A.a.O. S. 27–29.

[110] A.a.O. S. 29–36.

[111] A.a.O. S. 34, 36; Eckhardt, Rechtsbücherstudien III, S. 60ff.

zweiter deutschen Fassung auf, bezieht aber die Novellen der dritten und noch weitere Zusätze ein, die unter anderem auch Kenntnisse des römischen Rechts beweisen.[112] Ihre besondere Bedeutung liegt darin, daß mit ihr der Sachsenspiegel seinen inhaltlichen Abschluß findet und daß von ihr alle folgenden Handschriftengruppen ausgehen[113], die sich rein äußerlich voneinander unterscheiden, aber in einer genealogischen Ordnung zueinander stehen.[114] Dazu gehören die Bilderhandschriften, die systematischen Handschriften, die glossierten Handschriften und die Vulgata, mit der im 15. Jh. die abschließende deutsche Handschriftenform erreicht ist; hierzu sind schließlich, wenn auch außerhalb der genealogischen Textentwicklung, die lateinischen Sachsenspiegeltexte zu zählen, die als Übersetzungen ebenfalls auf die vierte deutsche Fassung zurückgehen.

Das Bedürfnis, den Sachsenspiegeltext verständlicher und dem Gerichtsgebrauch zugänglicher zu gestalten, muß schon Eike von Repchow empfunden haben, als er die Bestimmungen des Sächsischen Landrechts in seiner zweiten Fassung nicht mehr nur lose aneinanderreihte, sondern eine Einteilung in fünf Bücher vornahm. Ähnliche Motive werden die Verfasser der sog. Bilderhandschriften[115] bewogen haben, als sie darangingen, die in der vierten Fassung des Sachsenspiegels fixierten rechtlichen Vorstellungen durch umfassende, künstlerisch durchaus ansprechende Illustrationen neben dem Text bilderbuchartig zu erläutern. Die vier noch erhaltenen, nach ihren Aufbewahrungsorten benannten Bilderhandschriften[116] gehen auf eine vermutlich 1290/95 in Meißen, nach anderer Ansicht[117] im Bistum Halberstadt, entstandene Stammhandschrift zurück, aus der zwei, sich in der Einteilung unterscheidende Formen hervorgegangen sind. Die Oldenburger Handschrift (1336) weist die auf Eike zurückgehende Fünfbüchereinteilung auf, während die nach 1300 entstandene Heidelberger Bilderhandschrift sowie die Dresdener (vor 1375) und die Wolfenbütteler (nach 1375) schon die Dreibüchereinteilung zeigen. Die vermutlich in Meißen entstandene Dresdener Hand-

[112] Kroeschell, Rechtsaufzeichnung und Rechtswirklichkeit, S. 359.

[113] Nowak, a. a. O. S. 35.

[114] A. a. O. S. 48.

[115] A. a. O. S. 37f.

[116] Überblick zuletzt bei Walter Koschorreck, Die Heidelberger Bilderhandschrift des Sachsenspiegels, Kommentar, Frankfurt (Main) 1970, S. 13–15; für eine Kurzinformation nützlich die leicht zu übersehende Darstellung von Gisela Reichel, Die Dresdner Bilderhandschrift des Sachsenspiegels (Das kleine Kunstheft, 17), Dresden 1955.

[117] Rudolf Kötzschke, Die Heimat der mitteldeutschen Bilderhandschriften des Sachsenspiegels (Sitz. Ber. d. Sächs. Akad. d. Wiss., phil.-hist. Kl., 95. Bd.), Leipzig 1943.

schrift ist mit ihren 924 Bildstreifen die vollständigste. Die Bilderhandschriften hätten der Praxis, insbesondere den Nichtschriftkundigen, sehr nützlich sein können, wenn ihre Herstellung nicht zu aufwendig gewesen wäre.

Einen weiteren Versuch zur erleichterten Handhabung des Sachsenspiegels stellten die sog. systematischen Handschriften[118] dar. Die ersten Ansätze bestanden in Textverweisungen und Sachregistern, bis die unbekannten Verfasser dazu übergingen, innerhalb der Bücher des Sachsenspiegel-Landrechts eine Systematisierung des Rechtsstoffes vorzunehmen, wobei sie schon an die Dreibüchereinteilung der Bilderhandschriften anknüpften. Daraus kann auf eine Entstehungszeit für die Sachregisterhandschriften nach 1330 und für die systematischen Handschriften am Ende des 14. Jh. geschlossen werden.

Im ersten Drittel des 14. Jh. fand die in Italien am römischen und kanonischen Recht entwickelte Arbeitsmethode der Glossierung des gesamten Rechtsstoffes auf den Sachsenspiegel[119] Anwendung. Dabei wurde der Text, wie auch bei den anderen Handschriftengruppen, nicht verändert, den einzelnen Artikeln aber erläuternde Anmerkungen zwischen den Zeilen oder am Rand beigefügt. Verfasser der ältesten und bedeutendsten nach 1325 entstandenen Glosse zum Landrecht des Sachsenspiegels war der märkische Hofrichter Johann von Buch[120], dessen Stammgut bei Tangermünde in der Altmark lag. Er arbeitete dieses Rechtsbuch erstmalig wissenschaftlich durch, wobei er das Ziel verfolgte, die Übereinstimmung des Sachsenspiegel-Rechts mit dem römischen und kanonischen aufzuweisen. Allerdings ging er von der irrigen Ansicht aus, daß das sächsische Landrecht ein den Sachsen 810 erteiltes Privileg Karls des Großen sei.[121] Eine Anfang des 14. Jh. entstandene lateinische Übersetzung hielt er für den ursprünglichen lateinischen Privilegtext, den deutschen Text für eine Übersetzung, die Eike von Repchow bald nach 810 angefertigt habe. Der Sachsenspiegel als vermeintliches Kaiserprivileg mußte mit dem römischen Recht im Sinne von Kaiserrecht[122] im Einklang stehen, wenn er vor den immer mehr in den Vordergrund tretenden geistlichen Gerichten bestehen wollte. In diesem Nachweis sah Johann von Buch seine Aufgabe, und andere folgten ihm darin. So entstanden auf der Grundlage der Buchschen Glosse, aber doch als Sonderformen, die Wurm-

[118] Nowak, a. a. O. S. 38–40.
[119] A. a. O. S. 40ff.
[120] H. Schlosser, Artikel: Buch, Johann v., in: HRG, I, Sp. 526f.
[121] Gerhard Buchda, Artikel: Landrechtsglosse, in: HRG, II, Sp. 1540–1545.
[122] Diese Gleichstellung wurde für den Sachsenspiegel relativ spät erreicht, vgl. Hermann Krause, Kaiserrecht und Rezeption (Abh. d. Heidelberger Ak. d. W., phil.-hist. Kl., Jg. 1952, 1. Abh.), Heidelberg 1952, S. 87ff.; D. Munzel, Art. Kaiserrecht, in: HRG, II, Sp. 563ff.

sche, die Tzerstedische, die Petrinische und die Stendaler oder Altmärkische Glosse sowie die Bocksdorfsche Vulgata.[123] Aus den glossierten Sachsenspiegelformen entwickelten sich weitere, die aus einer glossierten Vorlage nur den Grundtext übernahmen und die Glossen als nicht dazu gehörig wegließen.[124] Daraus ging schließlich die Vulgata[125], die endgültige Form des Sachsenspiegel-Land- und Lehnrechts, hervor, die etwa am Anfang des 15. Jh. erreicht worden ist. Artikelstellung und -zählung der Vulgata liegen im wesentlichen den modernen Sachsenspiegelausgaben zugrunde, ebenso die Einteilung des sächsischen Landrechts in drei Bücher, von denen das erste 71, das zweite 72 und das dritte 91 Artikel umfassen. In einem langen Entwicklungsprozeß von 200 Jahren haben sich somit Inhalt und Gliederung des Sachsenspiegels endgültig ausgeformt. Die vulgate Textgestalt verdrängte bald die anderen Fassungen und diente schließlich den seit 1474 einsetzenden Sachsenspiegeldrucken[126] als Vorlage. Der Vollständigkeit halber muß allerdings noch erwähnt werden, daß neben den deutschen Sachsenspiegelformen auch lateinische, wie die Versio Vratislaviensis, die Versio Sandomiriensis und die Versio Vulgata, entstanden sind. Sie gehen im Gegensatz zu dem schon erwähnten Auctor vetus de beneficiis nicht auf den lateinischen Ursachsenspiegel zurück, sondern stellen eindeutig Rückübersetzungen eines mittel- oder niederdeutschen Textes der vierten Fassung dar.[127]

2. *Inhalt*

Der Sachsenspiegel enthält, wie es der Name ausdrücken will, sächsisches Recht, das Heimatrecht seines Schöpfers, Eike von Repchow, der es so wiederzugeben sucht, wie er es im Gericht kennengelernt, wie er es im Umgang mit Seinesgleichen erfahren, wie er es erlesen und zu eigenen Gedanken verarbeitet hat. Seine Aufmerksamkeit gilt in erster Linie den bäuerlichen Rechtsverhältnissen und den der Feudalherren untereinander. Doch er nimmt auch zu Problemen von übergreifender Bedeutung Stellung, wie zur Staatspraxis seiner Zeit[128]: So vertritt er wie Walther von der Vogelweide in der politischen Auseinandersetzung zwischen Kaiser und Papst eindeutig die kaiserliche Position; ebenso lehnt er es nachdrücklich ab, daß die Zweischwertertheorie, die bisher von der Gleichrangigkeit von Kaiser und Papst ausgegangen war, von klerikaler Seite einseitig zugunsten des Papstes umge-

123 Buchda, a. a. O.; Nowak, a. a. O. S. 43ff.
124 Nowak, a. a. O. S. 46ff.
125 A. a. O. S. 47f.
126 Gesamtkatalog der Wiegendrucke, Band VIII, Stuttgart-Berlin 1978, Sp. 1ff.
127 Nowak, a. a. O. S. 48ff.
128 Conrad, a. a. O. S. 352.

deutet wird. Für ihn gilt nach wie vor der ursprüngliche Inhalt, und mit dieser grundsätzlichen Stellungnahme leitet er seinen Sachsenspiegel ein: „Zwei Schwerter hinterließ Gott auf Erden, zu beschirmen die Christenheit. Dem Papst ist bestimmt das geistliche, dem Kaiser das weltliche“ (LandrechtI 1).[129] Diese Abgrenzung der Zuständigkeit wirkt selbstverständlich auch in den rechtlichen Bereich hinein; „denn der Papst kann kein Recht setzen, womit er unser Landrecht oder Lehnrecht verschlechtere“ (Landrecht I 3 § 3). In seinen verfassungsrechtlichen Artikeln umreißt Eike Macht und Grenzen des deutschen Königtums. Der König ist oberster Lehnsherr und oberster Richter (Ldr III 26 § 1). Seine Wahl findet nach einem geregelten Verfahren statt, dem Eike mit seiner Lehre von der Bildung des Kurfürstenkollegiums eine neue Richtung gibt (Ldr III 57 § 2).[130] Der König selber steht ebenfalls unter Recht. Wenn er dagegen verstößt, ist der Pfalzgraf sein Richter (Ldr III 52 § 3). Auch hier beeinflußt der Sachsenspiegel die spätere Entwicklung, wie die entsprechende reichsrechtliche Regelung in der Goldenen Bulle von 1356 beweist.[131]

Seit dem 12. Jh. wird die Reichsverfassung vom Lehnswesen beherrscht. Alle Ämter, alle staatlichen Aufgaben sind in einem Lehnsverhältnis verankert. Innerhalb der herrschenden Feudalklasse entstehen auf diese Weise Rangverhältnisse, die in der Heerschildordnung versinnbildlicht werden, wobei sich die ursprüngliche Bedeutung von Heerschild im Sinne von Aufbieten des Heerbanns zu einer Rangstufenordnung erweitert, die wesentlich stärker differenziert ist als bisher.[132] Im Sachsenspiegel entwickelt Eike aus der ursprünglich dreistufigen eine siebenstufige Rangordnung: „In derselben Weise sind die Heerschilde angeordnet, von denen der König den ersten hat, die Bischöfe und die Äbte und Äbtissinnen den zweiten, die Laienfürsten den dritten, seit sie der Bischöfe Mannen geworden sind, die freien Herren den vierten, die schöffenbaren Leute und der freien Herren Mannen den fünften, ihre Mannen sodann den sechsten. Wie die Christenheit in dem siebenten Weltalter keine Sicherheit weiß, wie lange es bestehen solle, so weiß man auch von dem siebenten Schilde nicht, ob er Lehn- oder Heerschildrecht haben mag. Die Laienfürsten haben aber den sechsten Schild in den siebenten gedrückt, seit sie der Bischöfe Mannen wurden (was eher nicht wahr)“ (Ldr. I 3 § 2). Nur wer in dieser Pyramide mit dem König an der Spitze seinen Platz hat, besitzt politische Rechte. Die neue Klasse der Stadtbürger bleibt hier noch völlig unberücksichtigt, wie schon seit langer Zeit der freie Bauer, vom Hörigen

[129] Dieses und die folgenden Zitate sind entnommen; Karl August Eckhardt, Sachsenspiegel V, Landrecht in hochdeutscher Übersetzung, Hannover 1967.

[130] Conrad, a. a. O. S. 218.

[131] A. a. O. S. 223, 253, 378.

[132] A. a. O. S. 302.

ganz zu schweigen. Diese Bewertung der Stände, diese feste Ordnung, erscheint der Zeitanschauung entsprechend auch bei Eike als gottgewollt; und doch macht gerade er sich Gedanken über die Ärmsten der Armen, über die Leibeigenen. Seine Argumentation ist zeitbedingt. Gott als Schöpfer und Erhalter des Rechts (Ldr. Prolog) hat den Menschen nach seinem Bild (Ldr III 42 § 1) und frei von seinesgleichen geschaffen; denn aus der Bibel, aus Altem wie Neuem Testament, ist keine rechtliche Regelung der Leibeigenschaft zu entnehmen, wie Eike eingehender als sonst nachweist (Ldr III 42 § 3–5). Er fährt dann fort: „Nach rechter Wahrheit hat Leibeigenschaft Beginn von Zwang und von Gefangenschaft und von unrechter Gewalt, die man seit Alters in unrechte Gewohnheit gezogen hat und nun für Recht halten will" (Ldr III 42 § 6). Diese und ähnliche Gedanken sind zwar schon bei antiken Philosophen und bei Kirchenvätern zu finden[133], wirken aber in einem auf Verbreitung angelegten Werk wie dem Sachsenspiegel besonders nachhaltig. Sie bleiben in ihrer revolutionären Art für Generationen lebendig. Deutliche Anklänge an den Sachsenspiegel und seine Ablehnung der Knechtschaft finden sich noch zwei Jahrhunderte später in ähnlichen Bestimmungen der Reformatio Sigismundi.[134]

Mit den allgemeinen und besonders mit den reichsbezogenen Rechtsbetrachtungen hat sich Eike von Repchow den Rahmen geschaffen, in den er nun mit sicherer Hand das durchaus nicht immer einfache Recht seiner ostfälischen Heimat einfügen kann. Dabei ist er ehrlich bemüht, auch Sonderinteressen zu berücksichtigen, wie etwa die von Angehörigen anderer Stämme, deutscher und auch wendischer, oder die der Kleriker, der Juden, der Reisenden.[135] Er geht zwar nicht immer systematisch vor, aber es fällt nicht schwer, die rechtliche Ordnung der mittelalterlichen Dörfer im Gebiet zwischen Elbe und Saale zu erkennen. Einen wesentlichen Raum nehmen die Bestimmungen über Eigen und Erbe ein. Auch die Rechtsstellung des Einzelnen von der Geburt bis zum Tode, die durch Alter oder Krankheit hervorgerufenen Beschränkungen, die Stellung des Einzelnen in der Familie, überhaupt die Stufen der Familienordnung und wiederum darauf aufbauend die der ehegüter- und erbrechtlichen Regelungen gibt der Sachsenspiegel erschöpfend wieder. Viele Bestimmungen regeln das Zusammenleben im Dorf, das uns als Genossenschaft entgegentritt (Ldr II, 55). Es finden sich Bauvorschriften für die Bauernhöfe (Ldr III, 66 § 2), nachbarrechtliche Vorschriften über die Traufe, über die Fenster, über die Einfriedung, über das Setzen von Grenzbäumen oder Marksteinen, über den Abstand von Backofen, Schweine-

133 Wolf, a. a. O. S. 10f.; Thieme, a. a. O. S. 198.
134 Conrad, a. a. O. S. 395.
135 Thieme, a. a. O. S. 198.

koben und Abtritt vom Zaun und über die überhängenden Zweige (Ldr II, 49 § 1–51 § 3), Vorschriften über Rechte und Pflichten des Hirten (Ldr I, 54 §§ 1–6), über Feldschäden (Ldr II 46 § 1–4, 47 § 1–5) und über Tierhaftung (Ldr II, 62). Auch das Jagdrecht und das Recht des freien Fischfanges gehören in diesen Zusammenhang (Ldr II 61 § 1). Besondere Regelungen gelten für Dörfer, die durch Dämme vor Wassersnot geschützt sind. Ihre Bewohner sind zur Deichlast verpflichtet (Ldr II 56). Der Artikel II 59 § 3 enthält sogar eine einfache, aber sehr einprägsame Straßenverkehrsordnung: Des Königs Straße soll so breit sein, daß ein Wagen dem anderen ausweichen könne. Der leere Wagen soll ausweichen dem beladenen, und der minder beladene dem schwereren. Der Berittene weiche dem Wagen aus und der Gehende dem Berittenen; sind sie aber in einem engen Wege oder auf einer Brücke, oder jagt man einen Berittenen oder einen zu Fuß, so soll der Wagen stille stehen, bis sie vorbeikommen können. Welcher Wagen zuerst auf die Brücke kommt, der soll zuerst hinübergehen, er sei leer oder beladen.

Sehr viele Vorschriften regeln das mittelalterliche Gerichtsverfahren in allen seinen Einzelheiten. Vom König als dem Inhaber der Gerichtshoheit leitet sich jede Gerichtsgewalt ab, die über Fürsten, Grafen bis zum Schultheißen, also bis an die vierte Hand, reicht (Ldr III 52, §§ 2–3). Das Grafengericht ist ein Hochgericht. Es tagt regelmäßig unter dem Vorsitz des Grafen dreimal im Jahre an einer der Ding- oder Gerichtsstätten innerhalb der Grafschaft. Zur ordentlichen Besetzung des Gerichtes gehören neben dem Grafen sein Vertreter, der Schultheiß, die Schöffen und der Fronbote (Ldr III 61 § 1). Der Richter leitet die Verhandlung, die Schöffen, die in der Regel im Gerichtsbezirk begütert sind, fällen das Urteil, das wiederum vom Fronboten vollstreckt wird (Ldr III 56 § 2). Richter und Schöffen dürfen keine „Kappen oder Hüte oder Hütlein oder Hauben oder Handschuhe anhaben, Mäntel sollen sie auf den Schultern haben. Ohne Waffen sollen sie sein“ (Ldr III 69 § 1). „Urteil sollen sie nüchtern finden über jeden Mann, er sei deutsch oder wendisch, leibeigen oder frei; da soll sonst niemand Urteil finden denn sie. Sitzend sollen sie Urteil finden“ (§ 2). Für die niedere Gerichtsbarkeit generell oder zur Aburteilung eines auf frischer Tat ertappten Täters können Zentgrafen gewählt werden, die dem Grafen unterstehen (Ldr I 55 § 2 bis 58 § 2). Der Gerichtstag beginnt mit einer förmlichen Eröffnung (Hegung). Der Richter stellt an seinen Vertreter, den Schultheißen, die Frage, ob es rechte Dingzeit sei und ob er zur Ordnung rufen müsse. Danach beginnt erst die eigentliche Verhandlung (Ldr I 59 § 2). Das Verfahren ist in allen Teilen mündlich, die Gerichtssprache deutsch. Doch der Beklagte kann verlangen, daß die Klage gegen ihn in seiner Muttersprache erhoben wird (Ldr III 71 § 1), was jedoch allmählich an einschränkende Bedingungen geknüpft wurde.[136] Die Parteien bedienen sich vor Gericht meist eines redegewandten Helfers, des Fürsprechers, den sie sich zwar wählen können, der ihnen aber erst vom Richter zugewiesen werden muß. Der Vortrag des Fürsprechers wird von der Partei genehmigt (Ldr I 62 § 7) oder verbessert, was bei eigenem Vortrag nicht möglich ist (Ldr I 60 § 1). Jeder im Gerichtsbezirk Ansässige hat die Verpflichtung, auf Anforderung als Fürsprecher zu fungieren (Ldr I 60 § 2). Als Beweismittel sind Parteieid, Zeugeneid, Urkunde, Augenschein und Gottesurteile anerkannt. Letztere werden allerdings nur noch zugelassen, „wenn man die Wahrheit in keiner anderen Weise in Erfahrung bringen kann" (Lehnr. 40 § 3). Wer durch Verbrechen ehrlos geworden ist, kann keinen Eid mehr leisten. Er muß sich bei erneutem Verbrechen einem Gottesurteil unterziehen, wobei zur Wahl steht, „das heiße Eisen zu tragen oder in einen siedenden Kessel zu greifen bis zum Ellenbogen oder gegen einen Berufskämpfer sich zu verteidigen" (Ldr I 39). Beim Streit um ein Gut läßt der Sachsenspiegel unter Umständen ein Wasserurteil zu (Ldr III 21 § 2).

Ein weiterer wesentlicher Bereich, dem Eike von Repchow seine Aufmerksamkeit widmet, ist das Strafrecht. Der Wahrung des Landfriedens und der Bestrafung des Friedensbrechers nimmt er sich besonders an,[137] wie sich aus den Bestimmungen der Artikel Ldr. II 66ff. ergibt. An Strafen werden im Sachsenspiegel am häufigsten die Acht und in Verbindung damit auch der (Kirchen)-bann erwähnt (Ldr III 63 §§ 2–3). Die Acht begründet zunächst nur ein Recht auf Festnahme. Erst mit der nochmaligen Acht (Aberacht), die nach Jahr und Tag verhängt wird, verwirkt der Geächtete sein Recht. Er kann straflos getötet werden und verliert sein Gut (Ldr I 38 § 2). Sein Recht, jedoch nicht sein Gut, gewinnt er zurück, wenn er einen Zweikampf zu Pferde mit dem Speer vor des Kaisers Schar besteht (Ldr I 38 § 3). Im übrigen wird deutlich, daß im Sachsenspiegel zwei Strafensysteme nebeneinander bestehen: das sehr alte System der Bußen und das mit den Landfrieden aufgekommene System der peinlichen Strafen. Für die Bußen im Sinne von Wer- oder Manngeld (Totschlagsbuße) oder für Bußen im engeren Sinne, übernimmt Eike die zu seiner Zeit gültigen festen Richtsätze. Sie sollen dem Verletzten oder im Todesfalle seiner Familie Genugtuung geben, nehmen aber

[136] Józef Matúszewski, Artykuły słowiańskie zwierciadła saskiego, in: Czasopismo prawno-historyczne, Tom. I, Poznań 1948, p. 25ff. führt unter Berufung auf Karl Gottfried Hugelmann (Die Rechtsstellung der Wenden im deutschen Mittelalter. Ein Beitrag zum Recht der Fremdsprachigen im mittelalterlichen Deutschen Reich, in: ZRG Germ. A 58 (1938), S. 227) den Nachweis, daß schon seit dem Ende des 13. Jh. eine Veränderung zu ungunsten der slawischen Bevölkerung eintrat.

[137] Thieme, a. a. O. S. 198.

auch den Charakter des Schadenersatzes an, wie an den Bußen für Tiere deutlich zu erkennen ist (Ldr III 48–51 § 2). Die Höhe der Bußsätze richtet sich nach der Stellung des einzelnen in der Gesellschaft. Für den Adligen sind dreißig Schillinge, für den nichtadligen Freien fünfzehn und für die Ehefrauen die Hälfte des dem Ehemann zustehenden Richtsatzes angesetzt. Davon ausgehend, wird die Verletzung oder Schädigung jedes einzelnen Körpergliedes nach Bruchteilen des Grundbetrages eingestuft (Ldr II 16 §§ 5ff.). Einen etwas zwiespältigen Eindruck[138] hinterlassen die sog. Schein- oder Spottbußen. Davon sind diejenigen betroffen, die ihr Recht verloren haben oder deren Recht von vornherein beeinträchtigt ist. So erhalten als (Schein- oder Spott)-Buße der Tagelöhner zwei wollene Handschuhe und eine Mistgabel (Ldr III 45 § 8), uneheliche Kinder ein Fuder Heu, „wie es zwei jährige Ochsen ziehen können“ (Ldr III 45 § 9), Spielleute und Leibeigene den Schatten eines Mannes, Berufskämpfer und ihre Kinder das Blinken des Schildes in der Sonne, und diejenigen, die ihr Recht wegen Diebstahl, Raub oder anderer Verbrechen verloren haben, erhalten als Buße zwei Besen und eine Schere, d. h. die Werkzeuge der körperlichen Züchtigung (Ldr III 45 § 9). Alle diese Bußen haben für die Betroffenen keinen Nutzen, erhalten aber dem Richter den Anspruch auf das Strafgeld (Gerichtsgebühr).

Das Bußensystem im Strafrecht weicht im 13. Jh. mehr und mehr der Todesstrafe, den Verstümmelungsstrafen und den Strafen an Haut und Haar.[139] Nach dem Sachsenspiegel werden Diebe (Ldr II 13 § 1), Totschläger, Räuber, Brandstifter, Notzüchtiger, Ehebrecher (Ldr II 13 § 5) gehängt; Verräter, Mörder, Mordbrenner, Mühlen- und Kirchenräuber sowie Betrüger gerädert. Hehler und Diebeshelfer haben die gleiche Strafe verwirkt wie Diebe oder Räuber. Ketzer, Zauberer oder Giftmischer sollen auf dem Scheiterhaufen verbrannt werden (Ldr II 13 § 7). Körperverletzung wird mit Abschlagen der Hand gebüßt (Ldr II 16 § 2). Als Strafe an Haut und Haar wird „des Königs Malter“ erwähnt, worunter „32 Schläge mit einer grünen eichenen Gerte, die zwei Ellen lang ist,“ (Ldr II 16 § 4) verstanden werden.

Das Sachsenspiegel-Lehnrecht ist ebenfalls sachlich geordnet. Es besteht im ersten Teil aus dem gemeinen Lehnrecht, das sowohl das materielle Lehnrecht (de beneficiis) als auch das Prozeßrecht oder die Ordnung des Lehngerichts (de ordine placitationis) umfaßt, während im zweiten Teil die Sonderlehnrechtsarten aufgeführt, allerdings ausführlich nur das Burglehen behandelt werden.[140]

Aus diesen Beispielen geht hervor, wie vielfältig die rechtlichen Regelungen am Anfang des 13. Jh. schon gewesen waren. Die Kompliziertheit der stän-

[138] Wolf, a. a. O. S. 13.

[139] Conrad, a. a. O. S. 438ff.

[140] Krause, a. a. O. S. 60.

dischen Unterschiede ist ebensowenig zu übersehen wie die durch die verschiedenartigen Geburtsrechte hervorgerufenen Probleme. Sie sind ein Beweis dafür, daß Eike von Repchow das Recht seiner Heimat unverfälscht wiedergegeben hat, aber eben auch dafür, daß die Aufzeichnung des am Anfang des 13. Jh. geltenden Rechts dringend erforderlich war.

3. *Überlieferung und Verbreitung*

Nach neuestem Forschungsstand ist das Landrecht des Sachsenspiegels in 315, das Lehnrecht in 94 Handschriften überliefert. Da aber einzelne Handschriften mehrere Sachsenspiegeltexte enthalten, ergibt sich eine Gesamtzahl von 341 Landrechtstexten. Davon müssen die inzwischen durch Kriegs- oder sonstige Einwirkungen hervorgerufenen Verluste abgezogen werden. Es verbleiben somit noch 219 benutzbare Sachsenspiegel-Handschriften mit insgesamt 242 Landrechtstexten.[141] Doch hier interessiert die ursprüngliche Gesamtzahl, die sich unter den verschiedensten Gesichtspunkten aufschlüsseln läßt, wobei in Kauf genommen werden muß, daß die gewählten Unterscheidungsmerkmale nicht bei allen Handschriften eindeutig erkennbar sind und diese Vorlagen vorläufig unberücksichtigt bleiben müssen.

Werden die Handschriften nach den Verkehrsformen aufgeteilt,[142] so ergibt sich, daß auf die der vierten Fassung mit 35, der Vulgata mit 70 und der glossierten mit 113 der größte Anteil fällt. Eine Unterscheidung nach glossierten und unglossierten Handschriften läuft etwa auf ein Verhältnis von eins zu eins hinaus. Ein zeitlicher Vergleich läßt erkennen, daß 6 Landrechtshandschriften aus dem 13. Jh., 94 sichere und 20 unsichere mit 121 Texten aus dem 14. Jh., 143[143] mit 156 Texten aus dem 15. Jh. und 10 mit 11 Texten aus dem 16. Jh. stammen. Sprachlich weisen 106 mit 109 Texten niederdeutschen, 112 mit 114 Texten mitteldeutschen und 10 mit 11 Texten oberdeutschen Schriftdialekt aus; 14 sind in niederländischer und 38 in lateinischer Sprache geschrieben.[144] Weitere Aufgliederungen, etwa nach dem Entstehungsort, den Auftraggebern und nach den Eigentümern der Handschriften, könnten ebenfalls vorgenommen werden. Aus allem lassen sich Schlüsse auf Verbreitung und Anwendung und damit auf die Bedeutung des Sachsenspiegels ziehen. Sie sind allerdings, für sich genommen, sehr unvollständig und einseitig. Erst die gleichzeitige Auswertung der vom Sachsenspiegel

[141] Kroeschell, a. a. O. S. 368 unter Berufung auf Nowak, nach S. 355.
[142] Nowak, a. a. O. S. 56ff.
[143] Kroeschell, a. a. O. S. 374 zählt 141.
[144] Nowak, a. a. O. S. 64f.

beeinflußten Rechtsquellen und der Ergebnisse der Rechtspraxis, wie Urteile und ähnliches, können zu einem weitgehend geschlossenen Bild beitragen.[145]

Von den sechs Handschriften des 13. Jh. sind drei nur Fragmente, von denen eines, wie auch eine der vollständigeren Handschriften als verloren angesehen werden müssen. Zu den verbliebenen zwei gehören die berühmte, auf Eikes erste Textfassung zurückgehende Handschrift der Quedlinburger Stiftsbibliothek, die sich nunmehr in der Universitäts- und Landesbibliothek Sachsen-Anhalt in Halle a. d. Saale befindet,[146] sowie die älteste datierte Handschrift, der Harffer Sachsenspiegel, der, vermutlich von einem Kölner Patrizier in Auftrag gegeben, am 7. Mai 1295 abgeschlossen worden ist.[147] Dem unbekannten Schreiber hat eine Sachsenspiegelhandschrift als Vorlage gedient, die vor 1295 aller Wahrscheinlichkeit nach in Magdeburg entstanden ist. Mehr ist diesen Handschriften und Fragmenten nicht zu entnehmen, so daß andere Quellen ergänzend herangezogen werden müssen.

Die erste nachweisliche Benutzung des Sachsenspiegels findet sich in der schon erwähnten[148] Rechtsmitteilung der halleschen Schöffen an die schlesische Stadt Neumarkt aus dem Jahre 1235.[149] Das Braunschweiger Fürstenweistum von 1252 über Königswahl und Kaiserkrönung[150] ist ebenfalls vom Sachsenspiegel beeinflußt. Auch der Verfasser der Stader Annalen von 1240/41, der ehemalige Benediktinerabt und spätere Angehörige des Stader Minoritenkonvents, Albert von Stade, muß seinem Bericht einen sehr frühen Sachsenspiegeltext der ersten oder dritten Fassung zugrundegelegt haben, den er vermutlich durch Vermittlung der Magdeburger Franziskaner kennengelernt hat.[151] Überhaupt muß Magdeburg als ein wichtiges Zentrum angesehen werden, von dem die Verbreitung des Sachsenspiegels in alle Richtungen ausgegangen ist. So ist vermutlich im Magdeburger Minoritenlektorat und von einem aus Augsburg stammenden Minoriten zwischen 1265 und 1275 eine Übersetzung des Sachsenspiegels ins Oberdeutsche angefertigt und

[145] Kroeschell, a. a. O. S. 367 ff.

[146] Jutta Fliege, Die Handschriften der ehemaligen Stifts- und Gymnasialbibliothek Quedlinburg in der Universitäts- und Landesbibliothek in Halle, Bd. 1 u. 2, Berlin 1978 (Masch. schr. Gesellschaftswiss. Diss.) Druck in Vorbereitung; Wolfgang Spiewok, Die Sprache der Quedlinburger Handschrift des Sachsenspiegels aus dem 13. Jahrhundert, Halle 1957 (Phil. Diss. 1958, Masch. Schr.).

[147] Märta Asdahl Holmberg, Der Harffner Sachsenspiegel von 1295 (Lunder germanische Forschungen 32), Lund 1957.

[148] Vgl. S. 30.

[149] Paul Laband, Magdeburger Rechtsquellen, Königsberg 1869.

[150] Eckhardt, Rechtsbücherstudien II, S. 30ff.

[151] Kroeschell, a. a. O. S. 369.

dann nach Augsburg gebracht worden.[152] Sie diente weiteren deutschen Rechtsbüchern, nämlich dem Augsburger Sachsenspiegel (1265/76), dem 1274/75 entstandenen Deutschenspiegel (Spiegel aller deutschen Leute) und damit indirekt dem etwa ein Jahr später beendeten kaiserlichen Land- und Lehnrechtsbuch, als Vorlage. Erst seit dem 17. Jh. wird das kaiserliche Land- und Lehnrechtsbuch, das im süddeutschen, überhaupt im außersächsischen Raum eine ähnliche Rolle spielte wie der Sachsenspiegel, als Schwabenspiegel bezeichnet, „in dessen Urform (1275/76) ein Augsburger Franziskaner zu Ende führt, was der Autor des Deutschenspiegels unfertig hinterlassen hat".[153]

So bedeutend das Wirken der Magdeburger Franziskaner auch eingeschätzt werden muß, noch nachhaltiger ist das der Magdeburger Ratmannen und Schöffen gewesen. So benutzt schon das zwischen 1257 und 1261 entstandene Magdeburger Weichbildrecht, auch Rechtsbuch von der Gerichtsverfassung genannt, eine Reihe von Sachsenspiegelartikeln in freier Gestaltung.[154] Eine wesentlich stärkere Einflußnahme bei teilweise wörtlicher Wiedergabe einiger Passagen des Sachsenspiegeltextes zeigt die Magdeburger Rechtsmitteilung von Breslau von 1261.[155] Im Gegensatz zu Schöffensprüchen, die fallbezogene Rechtsbelehrungen oder -erkenntnisse enthalten, werden in Rechtsmitteilungen abstrakte Rechtsfragen mit abstrakten Rechtssätzen beantwortet.[156] Es nimmt daher nicht wunder, daß auf der Grundlage der Rechtsmitteilung von 1261 das zwischen 1261 und 1292 entstandene Magdeburger Schöffenrecht erwuchs.[157] Aus der Vereinigung von Magdeburger Weichbildrecht und Magdeburger Schöffenrecht ist das sächsische Weichbild (Weichbildvulgata) hervorgegangen, das weite Verbreitung nach dem europäischen Osten und Südosten gefunden hat, in die lateinische, polnische und tschechische Sprache übersetzt, auch überarbeitet und glossiert worden ist.[158] Aber nicht nur in einzelnen Bestimmungen ist der Sachsenspiegel in diese Räume gewandert, sondern auch geschlossen auf der Grundlage der in Magdeburg erarbeiteten vierten Fassung, von der ein Exemplar nach Breslau kam und zwischen 1272 und 1292 auf Veranlassung des Bischofs Thomas II. von dem Magister Konrad von Oppeln ins Lateinische übersetzt wurde (Versio Vratislaviensis)[159]. Von ihm ist übrigens 1308 eine weitere lateinische Handschrift für die

152 Gerhard Buchda, Landrechtsbücher, in: HRG II, Sp. 1536ff.

153 a. a. O. Sp. 1537.

154 Eckhardt, Rechtsbücherstudien III, S. 66ff.

155 Kroeschell, a. a. O. S. 369.

156 Gerhard Buchda, Magdeburger Recht, in: HRG III, Sp. 134–138.

157 Eckhardt, a. a. O. S. 71.

158 Conrad, a. a. O. S. 357.

159 Kroeschell, a. a. O. S. 370 unter Berufung auf Z. Rymaszewski, Łacińskie teksty Landrechtu Zwierciadła Saskiego w Polsce (PAN. Studia nad historia panstwa i prava. S. II. T. XV, Warszawa 1975).

Stadt Kraków (Krakau) angefertigt worden, die sich noch heute in der Bibliothek der Jagellonischen Universität Kraków befindet. Eine Handschrift der vierten Sachsenspiegelfassung dient schließlich dem Hamburger Ratsnotar Magister Jordanus von Boitzenburg als Vorlage für das Hamburger Ordeelbook von 1270,[160] über das Bestimmungen des Sachsenspiegels 1303 auch ins Stadtrecht von Bremen gelangen,[161] womit schon das 14. Jh. erreicht ist.

Innerhalb von achtzig Jahren nach seiner Entstehung hat der Sachsenspiegel in vollständigen Handschriften und auch in einzelnen Bestimmungen Gebiete erreicht, die weit von der anhaltinischen Heimat entfernt sind: Hamburg und Stade im Norden, Augsburg im Süden, Köln im Westen sowie Breslau und Krakau im Osten. Es wäre voreilig, daraus den Schluß zu ziehen, daß der Sachsenspiegel nun überall innerhalb des durch die Endpunkte markierten Raumes in Geltung gewesen ist. Zunächst sind es nur einzelne Inseln, in denen der Sachsenspiegel oder einzelne seiner Bestimmungen Anwendung finden oder als eine Art Muster dienen, weil das Bedürfnis nach aufgeschriebenem Recht inzwischen doch sehr groß geworden ist. Eine wesentliche Rolle spielt ferner, daß die Stadt Magdeburg, das Ausbreitungszentrum für die Sachsenspiegelhandschriften und für einige Stadtrechtsbücher in Anlehnung an den Sachsenspiegel, im 13. Jh. zu einem kirchenpolitischen Zentrum und zu einem bedeutenden Handelsplatz aufgestiegen ist.[162] Die rechtlichen Anschauungen seiner Ratmannen und Schöffen stehen in einem so hohen Ansehen, daß ihr Rat in Rechtssachen sehr gefragt ist.

Die Bedeutung der Stadt Magdeburg für die Sachsenspiegel-Verbreitung besteht im 14. Jh. fort. So gelangen über eine Magdeburger Rechtsmitteilung aus dem Jahre 1304 eine Reihe von Sachsenspiegelartikeln in die Stadt Görlitz, die sich daraufhin vollständig um Sachsenspiegeltexte in Magdeburg und Liegnitz bemüht. Im übrigen entsteht fast zeitgleich in diesem Raum mit dem Görlitzer Rechtsbuch[163] eine eigenständige Rechtsaufzeichnung auf der Grundlage des Sachsenspiegels. Im 14. Jh. bilden sich, auf Magdeburger Recht und Sachsenspiegel aufbauend, sogar weitere Verbreitungszentren, vielleicht besser Unterzentren, wie die Stadt Breslau (Wroclaw), die sich, am Schnittpunkt wichtiger Handelsstraßen gelegen, nicht nur zu einer bedeutenden Handelsmetropole, sondern auch zum Mittelpunkt für die Verbreitung des Sachsenspiegels im Herzogtum Schlesien entwickelt, was sicher unmittelbar zur Folge gehabt hat, daß auch das durch König Johann von Böhmen

[160] Heinrich Reincke, Das hamburgische Ordeelbook von 1270 und sein Verfasser, in: ZRG GA 72 (1955), S. 83ff.

[161] Kroeschell, a. a. O. S. 370.

[162] Berent Schwineköper, Magdeburg, in: HRG III, Sp. 129–134.

[163] Gerhard Buchda, Görlitzer Rechtsbuch, in: HRG I, Sp. 1755f.

veranlaßte[164] Landrecht des Fürstentums Breslau, das sog. Breslauer Landrecht von 1356[165], als eine amtliche Bearbeitung und damit als eine Sonderform des Sachsenspiegels anzusprechen ist, wie auch das Neumarkter[166] und das Löwenberger[167] Rechtsbuch, die beide als lokale schlesische Bearbeitungen ebenfalls im 14. Jh. entstanden sind, oder wie das Schöffenrecht des Berliner Stadtbuches von 1397.[168]

Auf den Handelsstraßen wandern dann Magdeburger Recht und Sachsenspiegel von Breslau aus weiter, so nordwärts über Kalisch (Kalisz) und andere Städte Großpolens nach Thorn (Torún), südwärts nach Olmütz (Olomouc) und damit in die Markgrafschaft Mähren sowie auf der Hohen Straße ostwärts in die bedeutenden Handelszentren Kraków (Krakau) und Lwów (Lemberg), ja weiter in die Ukraine, was gemeinsam mit polnischen und sowjetischen Rechtshistorikern noch intensiver zu erforschen ist.[169]

Kraków lebt schon seit 1257 nach Magdeburger Recht, wie es ursprünglich in Breslau galt, nicht wie es dort weiterentwickelt wurde.[170] Im Jahre 1308 stellt dann Konrad von Oppeln für die Stadt Kraków in einer Handschrift[171] eine lateinische Fassung des Sachsenspiegels, d. h. eine Abschrift der Versio Vratislaviensis, so wie eine Sammlung Magdeburgischen Rechts in deutscher Sprache her, die offensichtlich der Rechtspraxis dienen sollte. In der weiteren Entwicklung bedeutet die Herrschaft Kasimirs des Großen (1333–1370) einen wichtigen Einschnitt für die polnische Staats- und Rechtsentwicklung. Mit dem Statut von Wiślica aus dem Jahre 1347 versuchte dieser tatkräftige Herrscher, zunächst eine einheitliche Rechtssatzung für Polen zu schaffen. Auch dieses, in lateinischer Sprache abgefaßte Statut hat Magdeburger Recht zur Grundlage.[172] Einen weiteren Schritt in Richtung auf eine Zentralisierung

[164] Adolf Laufs und K.-P. Schroeder, Landrecht, in: HRG II, Sp. 1537.

[165] Gustav Homeyer, Die deutschen Rechtsbücher des Mittelalters und ihre Handschriften, neubearbeitet von Conrad Borchling, Karl August Eckhardt und Julius von Gierke, Weimar 1931/34, 1. Abteilung: Verzeichnis der Rechtsbücher, S. 13.

[166] A. a. O.

[167] A. a. O. S. 14.

[168] A. a. O.

[169] Es sollte wieder eine Zusammenarbeit mit den entsprechenden Akademie-Instituten angestrebt werden, wie sie schon einmal bestand und von Heinrich Felix Schmid in seinem Bericht über die Veröffentlichungen der „All-Ukrainischen Akademie der Wissenschaften“ in Kiew, Soz.-ök. Kl., in: ZRG GA 50 (1930), S. 675ff., beschrieben wurde.

[170] Gertrud Schubart-Fikentscher, Die Verbreitung der deutschen Stadtrechte in Osteuropa, Weimar 1942, S. 285.

[171] Homeyer, Nr. 643.

[172] Schubart-Fikentscher, a. a. O. S. 260f.

der Staatsmacht ging Kasimir der Große im Jahre 1356 mit der Errichtung eines Oberhofes und eines obersten Gerichtshofes deutschen Rechts für Kleinpolen in Kraków, verbunden mit dem Verbot, Rechtsweisungen in Magdeburg zu holen.[173] Im gleichen Jahr verlieh der polnische König der Stadt Lwów (Lemberg) ebenfalls Magdeburger Rechts.[174]

Zur handschriftlichen Verbreitung des Sachsenspiegels in seiner Gesamtheit oder in Teilen hat neben der Stadt Kraków auch die Stadt Sandomierz beigetragen. Dort ist vor 1359 eine zweite lateinische Fassung des Sachsenspiegels entstanden. Ihr Verfasser nennt sich Konrad von Sandomir, ein in dieser Stadt ansässiger Notar, der als Vorlage für seine Übersetzung auf einen in Schlesien angefertigten Text der vierten deutschen Fassung zurückgegriffen hat.[175] Für das Königreich Polen waren die lateinischen Übersetzungen von großer Bedeutung, weil die lateinische Sprache bis Mitte des 15. Jh. Amtssprache gewesen war und auch noch danach eine Rolle spielte, wie die Aufnahme dieser lateinischen Fassung in die vom Gnesener Erzbischof Johannes Lasko im Auftrag König Alexanders 1506 veranstalteten, ersten gedruckten Sammlung polnischer Statuten beweist.[176] Eine weitere lateinische Übersetzung aus dem Jahre 1535 stammt von Nikolaus Jaskier. Als dann die polnische Schriftsprache endgültig an die Stelle der lateinischen tritt, folgt dann auch im Jahre 1581 eine Übersetzung des Sachsenspiegels ins Polnische durch den Lemberger Stadtsyndikus Pawel Szczerbicz.[177] Die lateinischen Übersetzungen hatten neben ihrer Funktion als Amtssprache auch die Aufgabe zu erfüllen, einer deutschen Überfremdung entgegenzuwirken.

Im nördlich an Polen angrenzenden Deutschordensland sind nur wenige Exemplare des Sachsenspiegels zu finden, was auf den beherrschenden Einfluß der Kulmer Handfeste von 1233[178] zurückzuführen ist. Dieses älteste deutsche Landrecht verrät allerdings ebenfalls Einwirkungen des Magdeburger Rechts. Einzelne Städte dieses Raumes haben aus Konkurrenzgründen gegenüber Kulm (Chełmno) sogar direkte Rechtsverbindungen mit Magdeburg aufge-

[173] Heinrich Felix Schmid. Das deutsche Recht in Polen, in: Deutschland und Polen. Beiträge zu ihren geschichtlichen Beziehungen, München-Berlin 1933, S. 76.

[174] Schubart-Fikentscher, a. a. O. S. 287.

[175] Nowak, aaO. S. 49.

[176] aaO. S. 50.

[177] Schmid, a.a.O. Von den polnischen Bearbeitungen ist besonders auch B. Groickis Werk „Ordnung der städtischen Gerichte und Angelegenheiten nach Magdeburger Recht" (1555) hervorzuheben, das auch eine Übersetzung ins Russische erlebte.

[178] B. Koehler, Kulmer Handfeste, in: HRG II, Sp. 1244–1246.

nommen und sich ein Exemplar des Sachsenspiegels verschafft. Dazu gehört auch die Stadt Danzig (Gdansk), über die im 14. Jh. Sachsenspiegelhandschriften auf dem Seeweg nach Livland und Estland gelangt sind und neben älteren livländischen Quellen als Vorlage für den livländischen[179] Spiegel oder Spiegel Land- und Lehnrechts für Livland gedient haben, der wiederum das Wieck-Öselsche Lehnrecht und das sog. Mittlere livländische Ritterrecht beeinflußt hat. Damit ist nunmehr eine direkte Berührung mit dem Sachsenspiegel erfolgt, nachdem seine Bestimmungen indirekt über das Hamburger Ordeelbook nach 1279 in das Stadtrecht von Riga Eingang gefunden haben. Als Bestandteil des 1422 als Gesetzbuch bestätigten Mittleren livländischen Ritterrechts erhielten sich Teile des Sachsenspiegelrechts bis in die Neuzeit (Liv-, est- und kurländisches Privatrecht von 1864, Lettländisches Zivilgesetzbuch von 1937).

Eine ähnliche Rolle wie Breslau im Osten spielt die Handelsmetropole Köln im Westen. Schon im 13. Jh. hat eine Sachsenspiegelhandschrift den Weg nach dort gefunden. Seine Texte werden dann im 14. Jh. rheinauf- und -abwärts weiterverbreitet. Über den Niederrhein erreichen sie schließlich die Niederlande, speziell die Grafschaften Holland und Seeland. Gleichzeitig gelangt der Sachsenspiegel aus dem Münsterland in das benachbarte Bistum Utrecht. So entstehen im Laufe der Zeit 14 niederländische Sachsenspiegelhandschriften. Vor 1479 entwickelt sich schließlich daraus ein neues Rechtsbuch, der Holländische Sachsenspiegel, indem der ursprüngliche Sachsenspiegeltext durch einheimische Rechtssätze erweitert wird.[180]

Von der Anzahl her übertreffen die Sachsenspiegelhandschriften des 14. Jh. die des vorhergehenden Jahrhunderts um das Fünfzehnfache. Zu den bisherigen Handschriften sind 94 hinzugetreten, so daß die Gesamtzahl der bekannten schon 100 beträgt. Die Zahl der Texte liegt noch höher, weil manche Handschriften mehrere Texte enthalten. Insgesamt sind es daher 87 unglossierte und 34[181] glossierte Texte. Der Verbreitungsraum des Sachsenspiegels dehnt sich nach Westen und Osten aus. Gleichzeitig kann aber bei einigen Gebieten von einer ausgesprochenen Verdichtung gesprochen werden, wie etwa im Ursprungsland, in den welfischen Gebieten, im Herzogtum Schlesien und mit Abstrichen im Königreich Polen sowie in den Niederlanden. Neuland

[179] Zum Folgenden: H. Blaese, Livländischer Spiegel, in HRG III, Sp. 20–22; ferner Leo Leesment, über das Alter des Livländischen Rechtsspiegels, in: ZRG GA 50 (1930), S. 171–179.

[180] Fritz Juntke, Jacobus van der Meer und der holländische Sachsenspiegel, in: Gutenberg-Jahrbuch 1953, S. 65–80; Nowak, a.a.O. S. 59; Hans Christoph Hirsch, Eine neu entdeckte, die zweite bekannte Handschrift des Holländischen Sachsenspiegels, in: ZRG GA 72 (1939), S. 253–263.

[181] Kroeschell, a.a.O. S. 371.

erobert sich der Sachsenspiegel überraschenderweise erst jetzt mit den wettinischen Landen.

In der zweiten Hälfte des 14. Jh. nimmt plötzlich die Kirche gegen eine Reihe von Bestimmungen des Sachsenspiegels Stellung. Ihre Haltung war durch Aktivitäten des in Magdeburg als Provinzial der sächsisch-thüringischen Ordensprovinz wirkenden Augustinermönches Johannes Klenkok[182] ausgelöst worden, der durch einen Artikel des Sachsenspiegels einen Rechtsnachteil erlitten zu haben glaubte und daraufhin in seinem Decadicon um 1350 literarisch gegen das Rechtsbuch vorging.[182] Gegen die Kränkung des Sächsischen Rechts verwahrt sich die durch den Dominikaner-Inquisitor Kerlinger informierte Stadt Magdeburg energisch. Trotzdem verwirft Papst Gregor XI. in der Bulle Salvator generis humani im Jahre 1374 insgesamt 14 Artikel des Sachsenspiegels als mit dem kirchlichen Recht nicht in Einklang stehend. Diese sog. articuli reprobati fehlen zwar in den späteren Handschriften, was diesem Rechtsbuch aber nicht den geringsten Abbruch getan hat.

Obwohl die handschriftliche Überlieferung des Sachsenspiegels erst im 15. Jh. mit weiteren 156 Texten in 141 Handschriften, darunter 17 glossierten und 85 unglossierten, die volle Breite erreicht hat, tritt jetzt ein Stillstand in der territorialen Ausdehnung ein. Die Grenzen werden endgültig im Westen durch den Rhein, im Osten durch die Weichsel-San-Linie, im Süden durch den Main und die ostwärts anschließenden Mittelgebirge sowie im Norden durch die Eider bestimmt. Innerhalb dieses Raumes setzt sich der Verdichtungsprozeß fort, wobei die Konzentration in den wettinischen Landen besonders auffällig ist. Hier entwickelt sich der Leipziger Schöffenstuhl zum Rechtsmittelpunkt und verdrängt die Magdeburger Schöffen in dieser Funktion.[183] Dieser Vorgang der Verdichtung ist auch noch im 16. Jh. zu verzeichnen, obwohl nunmehr die Handschriften stark zurückgehen. An ihre Stelle treten die Sachsenspiegeldrucke, die letztlich nicht weniger beweisen, wie groß nach wie vor das Bedürfnis nach aufgezeichnetem Recht ist; denn die ersten Druckorte Basel 1474, Köln 1480, Augsburg ab 1481, Stendal 1488, Leipzig 1488 und 1490 begrenzen letztlich einen Raum, der im deutschen Bereich mit der handschriftlichen Überlieferung im wesentlichen übereinstimmt.[184]

Die Verbreitung einer außerordentlich großen Zahl von Sachsenspiegeltexten innerhalb eines weitgesteckten territorialen Rahmens scheint doch eigentlich sehr dafür zu sprechen, daß dieses Rechtsbuch hier auch die Rechtswirklichkeit beeinflußt hat, und das um so mehr, als viele seiner Bestimmungen in andere Rechtsbücher übernommen worden sind. Doch genau genommen, ist die Verbreitung von Handschriften kein sicherer Beweis für

[182] Adalbert Erler, Klenkok, Johannes, in: HRG II, Sp. 875f.

[183] Näheres bei Kroeschell, a. a. O. S. 372f.

[184] Gerhard Buchda, Leipzig, in: HRG II, Sp. 1837–1842.

deren Anwendung in der Rechtspraxis, zumal sehr nachdenklich stimmen muß, das als Auftraggeber für die Anfertigung von Sachsenspiegelhandschriften in erster Linie kirchliche Einrichtungen und Städte in Erscheinung treten,[185] also vorwiegend Institutionen, die von bäuerlichem und ritterlichem Recht kaum berührt zu sein scheinen. Doch in einer solchen Charakterisierung liegt schon eine gewisse Einseitigkeit. Der Sachsenspiegel bezeichnet sich selber als sächsisches Land- und Lehnrecht, wobei unter Landrecht nach damaliger Auffassung das Recht der freien Leute, von den Fürsten herab zu den verschiedensten Gruppen zinspflichtiger freier Bauern, verstanden wird. Diese Rechtsvorstellungen berühren auch die Städte, die sie zumindest kennen müssen, wenn sie sich davon abgrenzen wollen, was jedoch erst in einem längeren Prozeß erreicht wird. Auch die geistlichen Gerichte, deren Zuständigkeit inzwischen schon weit in den weltlichen Bereich hineinragt, müssen das Landrecht berücksichtigen. Im übrigen sind gerade die wirtschaftenden Einrichtungen der Kirche im Feudalsystem ständig mit den bäuerlichen Rechtsverhältnissen konfrontiert, so daß deren eingehende Kenntnis für sie unerläßlich ist. Schließlich darf nicht übersehen werden, daß in jenen Jahrhunderten die Schöffen in den Städten sowie die auch nur einigermaßen rechtskundigen Vertreter der Kirche als Rechtsgutachter oder als Schiedsrichter in Rechtsstreitigkeiten sehr gefragt sind. Mit den Sachsenspiegelhandschriften steht ihnen ein geschriebenes Recht zur Verfügung, auf das sie sich stützen können, zumal im Sachsenspiegel ein altes kaiserliches Privileg gesehen wird, das durch die Glossierung als den Zeitverhältnissen angepaßt gilt. Allerdings ist die Glossierung nicht der ausschlaggebende Grund für die Verbreitung des Sachsenspiegels; denn der nichtglossierte Schwabenspiegel erlangt im süddeutschen Bereich ein kaum weniger großes Ansehen. Von entscheidender Bedeutung wird neben der Schriftlichkeit der auf der Grundlage des Sachsenspiegels schon früh einsetzende Zug zum einheitlichen Recht gewesen sein, welcher mit der bislang bestehenden Rechtszersplitterung, die der politischen und wirtschaftlichen Entwicklung inzwischen hinderlich geworden ist, nachhaltig aufzuräumen beginnt. Daraus wird verständlich, daß sich über der im Sachsenspiegel aufgezeichneten rechtlichen Ordnung im Laufe der Zeit ein gemeines Sachsenrecht[186] entfaltet, weil er den Anstoß zu weiteren Rechtsbüchern in diesem Raum gegeben und weil er der Praxis zu einer nicht zu übersehenden Beständigkeit verholfen hat, zu der die großen Schöffenstühle in Magdeburg, Leipzig und Halle sowie später die Spruchkollegien der Juristenfakultäten in Leipzig, Wittenberg und Jena, doch nicht weniger auch die sächsischen Hofgerichte beigetragen haben.

185 Kroeschell, a. a. O. S. 370f.

186 Gerhard Buchda, Gemeines Sachsenrecht, in: HRG I, Sp. 1510–1513.

In Sachsen ist über die Kursächsischen Konstitutionen von 1572 hinaus bis 1863 auf den Sachsenspiegel zurückgegriffen worden, in Preußen bis zur Verabschiedung des Allgemeinen Preußischen Landrechts von 1794, in Holstein, Lauenburg, Anhalt und in den thüringischen Kleinstaaten bis zum Inkrafttreten des Bürgerlichen Gesetzbuches im Jahre 1900. Das Lehnrecht ist in Preußen erst mit der Verfassung von 1850 außer Kraft gesetzt worden. Auch in außerdeutschen Gebieten waren noch lange rechtliche Bestimmungen auf der Grundlage des Sachsenspiegels in Gebrauch, so daß hier letztlich von einer Art Rezeption des Magdeburgischen Rechts und des Sachsenspiegels in den betreffenden Staaten gesprochen werden kann. Und noch heute sind manche Gedanken Eikes von Repchow lebendig. Wer weiß schon, daß die sprichwörtliche Redewendung „Wer zuerst kommt, mahlt zuerst" vom Schöpfer des Sachsenspiegels aufgegriffen (Ldr II 59 § 4), uns überliefert worden und zum allgemeinen Rechtsprinzip geworden ist. Mit diesem kleinen Beispiel, das zeigt, wie die vernünftige Rechtserfahrung von Jahrhunderten bis in die Gegenwart hineinwirken kann, soll die Bedeutung des Sachsenspiegels für die Entwicklung des deutschen Rechts abschließend noch einmal unterstrichen werden.

SITZUNGSBERICHTE DER SÄCHSISCHEN AKADEMIE DER WISSENSCHAFTEN ZU LEIPZIG

PHILOLOGISCH-HISTORISCHE KLASSE

Band 113

Heft 1 Prof. D. Dr. OTTO EISSFELDT, Die Komposition der Sinai-Erzählung Exodus 19–34
1966. 31 Seiten – 8° – M 2,30

Heft 2 Prof. Dr. EDGAR LEHMANN, Die räumliche Differenzierung der Industrie- und Bevölkerungsagglomeration im Halle-Leipziger Gebiet 1967. 24 Seiten – 8° – M 1,55

Heft 3 Prof. Dr. HANS-JOACHIM DIESNER, Die Auswirkungen der Religionspolitik Thrasamunds und Hilderichs auf Ostgoten und Byzantiner 1967. 23 Seiten – 8° – M 2,30

Heft 4 Prof. Dr. RUDOLF FISCHER / Dr. HANS WALTHER / JOHANNES SCHULTHEIS / Dr. habil ERNST EICHLER / Dr. KARLHEINZ HENGST / Dr. VINCENT BLANÁR, Leipziger namenkundliche Beiträge II. Mit einer Bibliographie der Leipziger namenkundlichen Arbeitsgruppe (4. Folge)
1968. 102 Seiten – 1 Tabelle – 8° – M 7,20

Heft 5 Prof. D. Dr. SIEGFRIED MORENZ, Die Begegnung Europas mit Ägypten. Mit einem Beitrag von Dr. MARTIN KAISER, Herodots Begegnung mit Ägypten
1968. 247 Seiten – 20 Tafeln mit 38 Abb. – 8° – M 12,50

Band 114

Heft 1 A. N. Radiščev und Deutschland. Beiträge zur russischen Literatur des ausgehenden 18. Jahrhunderts. Redigiert von Dr. ERHARD HEXELSCHNEIDER 1969. 132 Seiten – 8° – M 9,50

Heft 2 Prof. Dr. HERBERT PEUKERT, Ivan Gundulićs „Osman" in Deutschland
1969. 99 Seiten – 8° – M 7,–

Heft 3 Prof. Dr. LIESELOTTE BLUMENTHAL, Schiller und die jungen Dichter
1968. 36 Seiten – 8° – M 2,60

Heft 4 Prof. Dr. JOACHIM MÜLLER, Literarische Analogien in Heinrich von Kleists Novelle „Der Zweikampf"
1969. 56 Seiten – 8° – M 3,40

Heft 5 Prof. Dr. GERTRUD SCHUBART-FIKENTSCHER, Untersuchungen zur Autorschaft von Dissertationen im Zeitalter der Aufklärung 1970. 135 Seiten – 8° – M 9,40

Band 115

Heft 1 Prof. Dr. JOHANNES JAHN, Entwicklungsstufen der Dürerforschung
1971. 19 Seiten – 8° – M 2,–

Heft 2 Prof. Dr. JUSSI ARO, Mittelbabylonische Kleidertexte der Hilprecht-Sammlung Jena. Mit einem Anhang: Fünf alt-, mittel- und neubabylonische Texte verschiedenen Inhalts aus der gleichen Sammlung 1970. 42 Seiten – 8° – M 6,50

Heft 3 Prof. Dr. WERNER BAHNER, Die lexikalischen Besonderheiten des Frühromanischen in Südosteuropa
1970. 124 Seiten – 8° – M 9,–

Heft 4 Prof. D. Dr. OTTO EISSFELDT, Adonis und Adonaj
1970. 29 Seiten – 16 Abb. auf 15 Tafeln – 8° – M 6,–

Heft 5 Prof. Dr. RAINER ECKERT, Baltistische Studien. Mit einem Geleitwort von Prof. Dr. RUDOLF FISCHER und einer Bibliographie von Prof. Dr. RAINER ECKERT und Dr. FRIDO MĚTŠK
1971. 102 Seiten – 8° – M 8,50

Heft 6 Prof. Dr. RICHARD HAUSCHILD, Der Missionar P. Heinrich Roth aus Dillingen und die erste europäische Sanskrit-Grammatik 1972. 23 Seiten – 3 Abb. auf 3 Tafeln – 8° – M 3,30

Band 116

Heft 1 Prof. Dr. JOACHIM MÜLLER, Die Gestalt des Kindes und des Jugendlichen in der deutschen Literatur von Goethe bis Thomas Mann 1971. 38 Seiten – 8° – M 2,60

Heft 2 Prof. Dr. HERBERT PEUKERT, Gibt es eine „slawische" Volksdichtung?
1972. 70 Seiten – 8° – M 5,60

Heft 3 Prof. Dr. JOACHIM MÜLLER, Zur Motivstruktur von Goethes „Faust"
1972. 42 Seiten – 8° – M 2,80

Heft 4 Prof. Dr. GERTRUD SCHUBART-FIKENTSCHER, Studienreform. Fragen von Leibniz bis Goethe
1973. 109 Seiten – 8° – M 8,–

Heft 5 Prof. Er. ERNST WERNER, Ketzer und Weltverbesserer. Zwei Beiträge zur Geschichte Südosteuropas im 13. und 15. Jahrhundert 1974. 57 Seiten – 8° – M 4,50

Heft 6 Prof. Dr. EBERHARD BRÜNING, Die Entwicklung progressiver und sozialistischer Literatur in den USA. Fortschrittliche Schriftstellerorganisationen und ihr Einfluß auf den nationalen Literaturprozeß von 1917 bis 1945 1974. 40 Seiten – 8° – M 3,20

Band 117

Heft 1 Prof. Dr. JOHANNES JAHN, Antike Tradition in der Landschaftsdarstellung bis zum 15. Jahrhundert 1975. 26 Seiten – 23 Abb. auf 21 Tafeln – 8° – M 8,–

Heft 2 Prof. Dr. JOACHIM MÜLLER, „Verwirrung des Gefühls". Der Begriff des „Pathologischen" im Drama Goethes und Kleists. Mit einem Exkurs: Zur dichterischen Pathographie im Drama des 19. Jahrhunderts 1974. 40 Seiten – 8° – M 3,50

Heft 3 Prof. Dr. JOACHIM MÜLLER, Goethes „Campagne in Frankreich". Epochenkritik, Umweltanalyse und Kontraststruktur 1974. 42 Seiten – 8° – M 4,–

Heft 4 Dr. GÜNTER SCHMIDT, Die literarische Rezeption des Darwinismus. Das Problem der Vererbung bei Émile Zola und im Drama des deutschen Naturalismus 1974. 209 Seiten – 1 Ausschlagtafel – 8° – M 13,–

Heft 5 Prof. Dr. ERNST WERNER, Häresie und Gesellschaft im 11. Jahrhundert 1975. 83 Seiten – 8° – M 6,–

Band 118

Heft 1 Prof. Dr. RUDOLF GROSSE, Dr. SIEGFRIED BLUM, Dr. HEINRICH GÖTZ, Beiträge zur Bedeutungserschließung im althochdeutschen Wortschatz 1977. 208 Seiten – 8° – M 22,–

Heft 2 Prof. Dr. ROLF LIEBERWIRTH, Die historische Entwicklung der Theorie vom vertraglichen Ursprung des Staates und der Staatsgewalt 1977. 54 Seiten – 8° – M 5,–

Heft 3 Prof. Dr. JOACHIM MÜLLER, Thomas Manns Künstlertum und Humanitätsgewissen 1976. 27 Seiten – 8° – M 2,50

Heft 4 Prof. Dr. HANS HIEBSCH, Wilhelm Wundt und die Anfänge der experimentellen Psychologie 1977. 22 Seiten – 8° – M 2,50

Heft 5 Prof. Dr. ERNST WERNER, Stadtluft macht frei. Frühscholastik und bürgerliche Emanzipation in der ersten Hälfte des 12. Jahrhunderts 1976. 96 Seiten – 8° – M 8,–

Band 119

Heft 1 Prof. Dr. WILHELM PÉE, Rechtschreibungsprobleme im Niederländischen. Mit einem Beitrag von Dr. HELGA HIPP, Probleme der niederländischen Rechtschreibung aus germanistischer Sicht 1977. 53 Seiten – 8° – M 5,–

Heft 2 Prof. Dr. GERTRUD SCHUBART-FIKENTSCHER, Goethes Amtliche Schriften. Eine rechtsgeschichtliche Untersuchung 1977. 72 Seiten – 8° – M 6,50

Heft 3 Prof. Dr. RUDOLF RŮŽIČKA, Historie und Historizität der Junggrammatiker 1977. 22 Seiten – 8° – M 3,–

Heft 4 Prof. Dr. GERTRUD SCHUBART-FIKENTSCHER, Christian Thomasius. Seine Bedeutung als Hochschullehrer am Beginn der deutschen Aufklärung 1977. 50 Seiten – 8° – M 4,50

Heft 5 Prof. Dr. JOACHIM MÜLLER, Shakespeare und ein deutscher Anfang: Die von Borcksche Übersetzung des „Julius Cäsar" von 1741 im Streitfeld von Gottsched und Johann Elias Schlegel 1977. 65 Seiten – 8° – M 5,–

Heft 6 Prof. Dr. HERBERT PEUKERT, Position einer Linguostilistik 1977. 93 Seiten – 8° – M 8,50

Band 120

Heft 1 Prof. Dr. LIESELOTTE BLUMENTHAL, Mozarts englisches Mädchen 1978. 29 Seiten – 8° – M 3,–

Heft 2 Prof. Dr. HANS-JOACHIM DIESNER, Westgotische und langobardische Gefolgschaften und Untertanenverbände 1978. 32 Seiten – 5 Abbildungen – 8° – M 4,–

Heft 3 Prof. Dr. WALTER DIETZE, „Ein würdiger Lehrer der Menschheit zu werden . . ." Über Johann Gottfried Herders schriftstellerische Anfänge 1978. 22 Seiten – 8° – M 3,–

Heft 4 Prof. Dr. ROLF LIEBERWIRTH, Der Staat als Gegenstand des Hochschulunterrichts in Deutschland vom 16. bis zum 18. Jahrhundert 1978. 28 Seiten – 8° – M 3,50

Heft 5 Prof. Dr. RUDOLF MEYER, Gegensinn und Mehrdeutigkeit in der althebräischen Wort- und Begriffsbildung 1979. 31 Seiten – 8° – M 3,50

Heft 6 Prof. Dr. WERNER NEUMANN, Aufgaben und Probleme der heutigen Bachforschung 1979. 28 Seiten – 8° – M 3,–

Band 121

Heft 1 Prof. Dr. KARL CZOK, Vorstädte. Zu ihrer Entstehung, Wirtschaft und Sozialentwicklung in der älteren deutschen Stadtgeschichte 1979. 28 Seiten – 8° – M 3,–

Heft 2 Prof. Dr. HANS-JOACHIM DIESNER, Politik und Ideologie im Westgotenreich von Toledo: Chindasvind 1979. 35 Seiten – 8° – M 4,50

Heft 3 Prof. Dr. JOACHIM MÜLLER, Die dramatische Funktion von Mephistos Monolog in Goethes „Faust" I: „Verachte nur Vernunft und Wissenschaft . . ." (V. 1851–1867) 1980. 32 Seiten – 8° – M 3,–

Heft 4 Prof. Dr. Dr. KURT RUDOLPH, Antike Baptisten. Zu den Überlieferungen über früh-jüdische und -christliche Taufsekten. 1981. 37 Seiten – 8° – M 4,50

Heft 5 Prof. Dr. CLAUS TRÄGER, Lessing – Kritik und Historizität 1981. 34 Seiten – 8° – M 3,50

Heft 6 Prof. Dr. ALBRECHT NEUBERT, Zu einigen aktuellen Problemen der lexikalischen Semantik 1981. 20 Seiten – 8° – M 3,–

Band 122

Heft 1 Prof. Dr. JOACHIM MÜLLER, Der vierte Akt im Zweiten Teil von Goethes „Faust". Aktion und Bezüge 1981. 26 Seiten – 8° – M 3,–

Heft 2 Prof. Dr. GERHARD DUDEK, Lew Tolstoi – Künstlerische Entdeckung und ästhetische Herausforderung 1981. 20 Seiten – 8° – M 3,–

Heft 3 Prof. Dr. ZSIGMOND TELEGDI, Ein Beitrag zur Lehre vom sprachlichen Zeichen 1981. 36 Seiten – 8° – M 4,50

Heft 4 Prof. Dr. ROLF LIEBERWIRTH, Eike von Repchow und der Sachsenspiegel *Vorliegendes Heft*

Heft 5 Prof. Dr. ERNST EICHLER, Ergebnisse der Namenforschung im deutsch-slawischen Berührungsgebiet *In Vorbereitung*

Band 123

Heft 1 Prof. Dr. Eberhard Brüning, Sinclair Lewis und die endgültige Emanzipation der amerikanischen Literatur *In Vorbereitung*

Einzel- oder Fortsetzungsbestellungen durch eine Buchhandlung erbeten

Sitzungsberichte bis Band 112
durch das Zentralantiquariat der Deutschen Demokratischen Republik, Leipzig,
ab Band 113 durch den Akademie-Verlag, Berlin, zum Teil noch lieferbar

AKADEMIE-VERLAG

DDR - 1086 Berlin, Leipziger Str. 3–4

Bei Fragen zur Produktsicherheit wenden Sie sich bitte an:
If you have any questions regarding product safety,
please contact:

Walter de Gruyter GmbH
Genthiner Straße 13
10785 Berlin
productsafety@degruyterbrill.com